ダンとアンヌと
ウルトラセブン

〜森次晃嗣・ひし美ゆり子 語る見どころガイド〜

森次晃嗣・ひし美ゆり子　著

はじめに

日本特撮ドラマの歴史に燦然と輝く名作『ウルトラセブン』。放送から50年たった今でも、ウルトラシリーズの最高峰と評されています。

そんな『ウルトラセブン』を語るときには、宇宙人や怪獣、メカなどの特撮シーンだけを語ることはあっても、本編＝人間ドラマだけが語られることは、あまりなかったのではないでしょうか。

この本は、そんな『ウルトラセブン』の本編のパートについて、主人公であるモロボシ・ダン役の森次晃嗣とヒロイン・友里アンヌ役のひし美ゆり子が、各話ごとに思い出を語った、ほぼ本編の内容だけで構成された画期的な対談集です。

森次晃嗣＝モロボシ・ダン。『天下の青年』の撮影現場で、円谷プロの演技事務スタッフから『ウルトラセブン』主役にスカウトされた。

ひし美ゆり子＝友里アンヌ。当初アンヌ役だった豊浦美子が映画出演のため降板し、急遽同じ東宝から、ひし美ゆり子が抜擢された。

本編について詳しく触れられてこなかった分、今まで聞いたことのない話、びっくりするようなエピソードがいくつも飛び出します。

実は森次晃嗣とひし美ゆり子の二人は、『ウルトラセブン』の撮影に入る前、フジテレビで放送されていたドラマ『天下の青年』（１９６７）で共演していました。そんな縁もあり、『ウルトラセブン』では最初から息の合った演技を見せてくれています。それは50年後のこの本でも同じです。ついきのう昨日の様に語られる鮮やかなエピソードの数々をお楽しみ下さい。

この本を読んでから『ウルトラセブン』を見返したとき、きっと新たな発見があるはずです。
さあ、新しい『ウルトラセブン』の世界に、デュワッ！――――。

※当時の二人の芸名の表記は今と違っていた。

目次

ダンとアンヌと ウルトラセブン

～森次晃嗣・ひし美ゆり子
2人が語る見どころガイド～

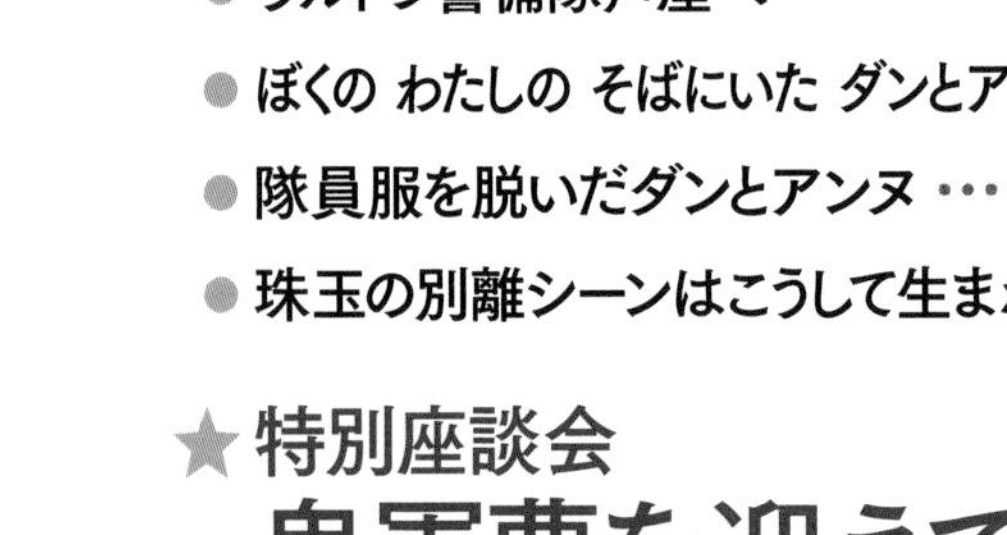

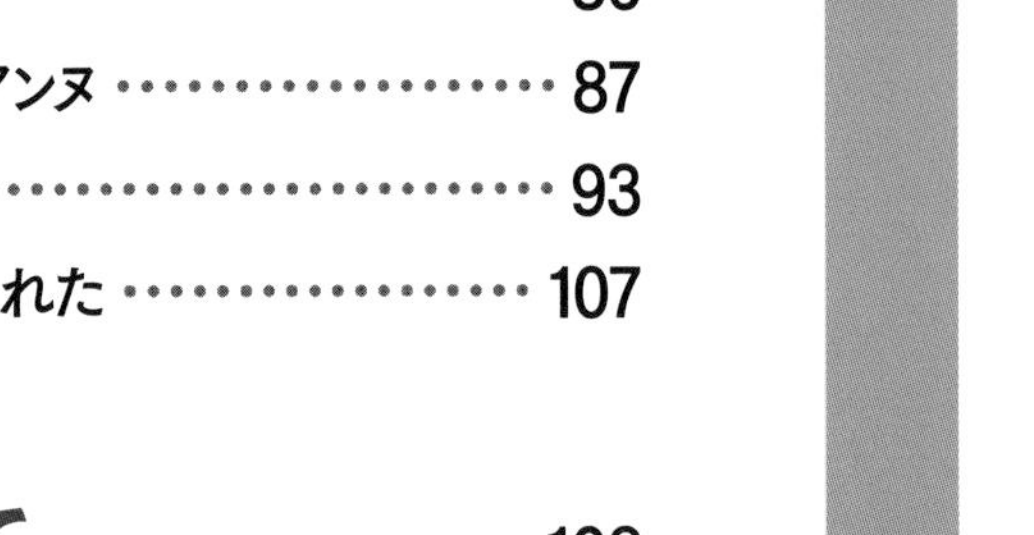

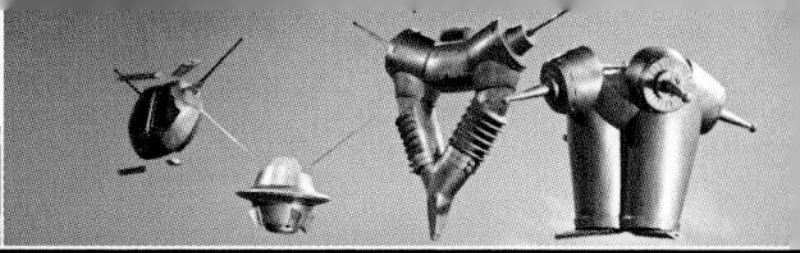

ダンとアンヌが語る ウルトラセブン各話解説

ここだけは見逃せない！ 各話の見どころを、エピソードとともにダンとアンヌがご紹介！

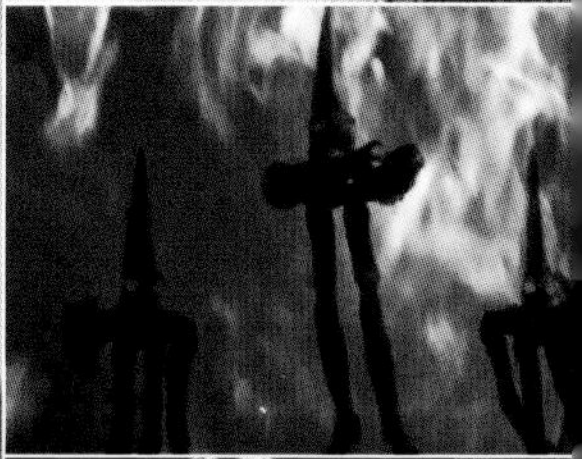

謎の人間消失事件が発生。調査にあたるウルトラ警備隊の前に謎の青年が現れてピンチを救う。そしてアンヌ隊員に促されて、敵を倒す知恵を授けるのだった。

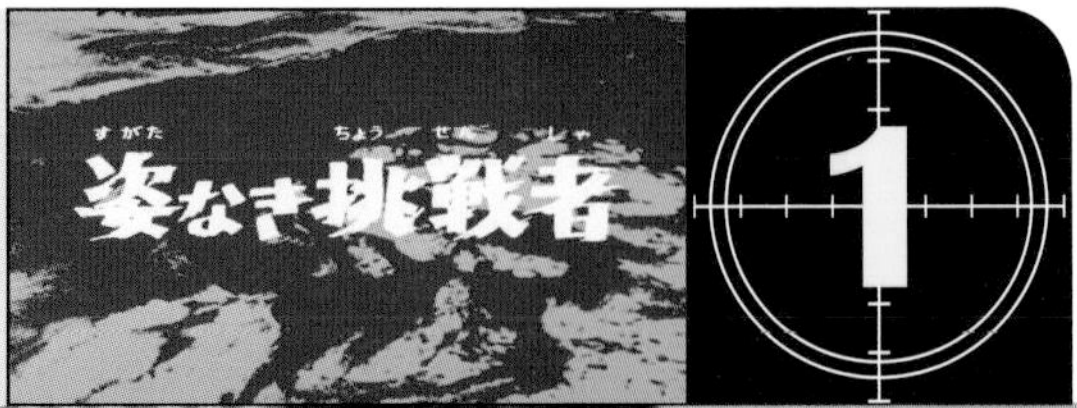
姿《すがた》なき挑《ちょう》戦《せん》者《しゃ》
1

「完璧な作品」の記念すべき第1話だよ。（森次）
二人とも初登場はウルトラ警備隊のユニフォームじゃないのよね。（ひし美）

放送第1話 制作No.5　1967年10月1日放送
脚本：金城哲夫　監督:円谷一　特殊技術：高野宏一
視聴率：33.7％

幻のダンとアンヌの馴れ初め

森次　『ウルトラセブン』は素晴らしいシリーズで、テレビドラマの歴史に残る「完璧な作品」だと僕は思っている。ドラマよし、特撮よし、役者よしだよ。

ひし美　自分で役者よしって(笑)。第1話は制作は5番目なのよね。私がレギュラーで出た番組の中で、第1話の撮影が後回しだったドラマって記憶にないな。ずっと後に満田稸《かずほ》監督に聞いたら、「このころの円谷作品は、役者が慣れて芝居のカタさが取れたところで第1話を撮る方針だったんだよ」っておっしゃってたわ。

森次　特に現場で説明された覚えはないし、ダンが何者かは僕も知らなかった。『ウルトラマン』はハヤタ隊員がウルトラマンに変身できる理由が第1話で説明されてるけど、『ウルトラセブン』はダンが何者か途中まで不明でミステリアス。そこが違うところだ。まあ、撮影に入る前に、『レッドマン』という仮タイトルの番組企画書は読んで、大まかな設定は知っていて、戸惑いはなかったけどね。

いつもはウルトラアイは手で着眼するが、第1話ではどこからか飛んできて顔に張り付く。「どこから飛んできたんだろうな（笑）。円谷一監督は演出はオーソドックスだけど、変身シーンは変化球が多いよ」（森次）。円谷監督回のひねった変身に注目！

ポインターから跳んで、「おっとっと！　よろけるダンをお見逃しなく」（ひし美）。「地球に慣れてないって演技だよ」（森次）

「最初に消える人は、撮影現場でロケバスの運転担当だった瀬戸ちゃんです」（ひし美）

ALIEN&
MONSTER

カプセル怪獣
ウインダム
身長　ミクロ〜40m
体重　0〜2万3千t
M78星雲メタル星出身の怪獣。額からレーザーショットを放つ。

宇宙狩人
クール星人
身長　2m
体重　75kg
地球人を昆虫呼ばわりして透明円盤で攻撃を仕かけた。

ひし美　私は違う意味で戸惑いはなかったな。新人女優で、台本に書いてあることをやるのに必死で、もう本当にいっぱいいっぱい、な〜んにも考えてない！　最初に撮るのが第1話でも、最終回でも同じだったと思うわ。戸惑う余裕なんてないもの（笑）。ダンはナゾの風来坊として現れるけど、初登場シーンの撮影は覚えてるの？

森次　細かい記憶はないんだけど、フィルムを見ると、黄色のジャンパーは衣装じゃなくて自前だったような気がするよ。ジーパンも自前だろうな。スタッフが用意してくれる衣装って、なかなかしっくりこなくて気に入らないんだよ。

ひし美　第1話で、ダンがポインターの屋根の上で胡坐《あぐら》をかいてるじゃない？　そこから跳び降りるダンが見るたび気になるの。地面に降りて、ちょっとたたらを踏むじゃないの。「おっとっと」って（笑）。

森次　まあ、完璧な着地とは言えないな。80点だね（笑）。ダンはまだ、地球の重力に慣れてないからヨロけたんだ。そういう細かい芝居なんだよ（笑）。

「二人とも初登場はウルトラ警備隊のユニフォームじゃないのよね」(ひし美)

ひし美が初めて円谷プロへ行った日のスチール。

「ダン、あなたの地球がピンチなのよ！」。アンヌの唐突なセリフには理由がある。

資料提供：佐々木孝吉

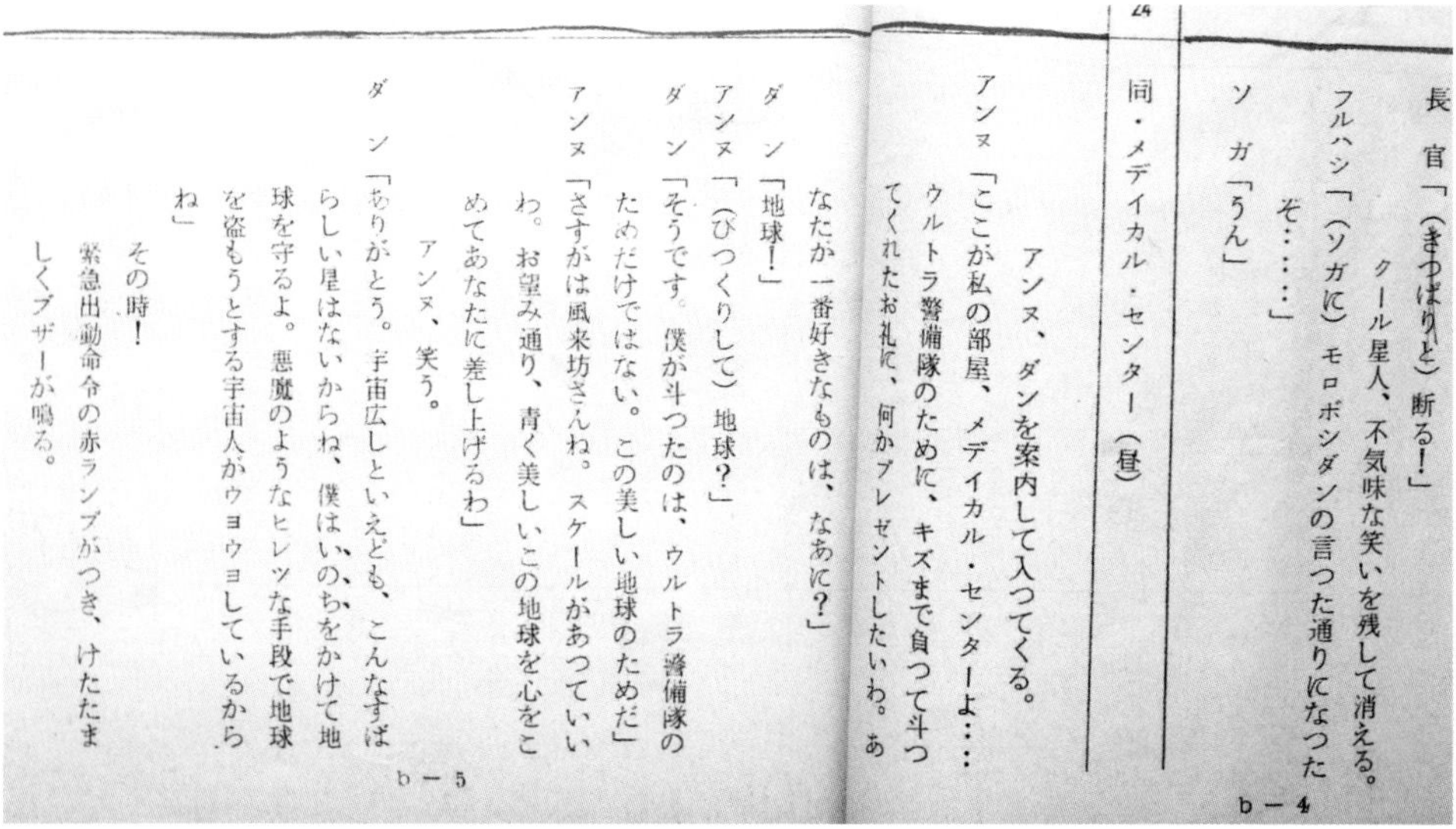

長官「（きっぱりと）断る！」
クール星人、不気味な笑いを残して消える。
フルハシ「（ソガに）モロボシダンの言った通りになったぞ……」
ソガ「うん」

24　同・メディカル・センター（昼）
アンヌ、ダンを案内して入ってくる。
アンヌ「ここが私の部屋、メディカル・センターよ……ウルトラ警備隊のために、キズまで負って斗ってくれたお礼に、何かプレゼントしたいわ。あなたが一番好きなものは、なあに？」

b－4

ダン「地球！」
アンヌ「（びっくりして）地球？」
ダン「そうです。僕が斗ったのは、ウルトラ警備隊のためだけではない。この美しい地球のためだ」
アンヌ「さすがは風来坊さんね。スケールがあっていいわ。お望み通り、青く美しいこの地球を心をこめてあなたに差し上げるわ」
アンヌ、笑う。
ダン「ありがとう。宇宙広しといえども、こんなすばらしい星はないからね、僕はいのちをかけて地球を守るよ。悪魔のようなヒレツな手段で地球を盗もうとする宇宙人がウヨウヨしているからね」
その時！
緊急出動命令の赤ランプがつき、けたたましくブザーが鳴る。

b－5

これがカットされたダンとアンヌのファーストシーン！　上の赤線は撮影済みの証。助監督の台本より。

ひし美　またまたゴマかして（笑）。この当時はフィルム代が高くて、少々のことならOKにしてたみたいよ。

森次　そう簡単に撮り直しもきかない時代だからね。でも、僕はNGを滅多に出さない方だったと自負しているよ。君の方は、アンヌの初登場シーンは覚えているの？

ひし美　白衣のアンヌが隊員の手当て中に招集がかかるシーンね。「アンヌが着替え始めて、ボタンを外す姿にドキドキしました」ってセブンファンの方に言われるけど、ごめんなさい、本人は何にも考えてなかったと思います（笑）。

森次　台本を見直すと、第1話でダンとアンヌの出会いのシーンで、会話がカットされているんだよな。

ひし美　そう、バッサリね。

森次　カットされたせいでセリフの意味が繋がってないんだよな。「あなたの地球がピンチなのよ」ってアンヌが言うけど、なぜ「あなたの地球」か、わからないよな。

ひし美　第1話は説明の回だもんね。ポインター、ウルトラホーク、セブンのカ

「第1話の円谷一監督、高野宏一特技監督と私です」（ひし美）

ウルトラ警備隊全員集合！　右からキリヤマ隊長（中山昭二）、フルハシ隊員（石井伊吉、現：毒蝮三太夫）、ソガ隊員（阿知波信介）、アンヌ隊員、モロボシ・ダン隊員、アマギ隊員（古谷敏）。

雑誌表紙を
飾ったセブン
週刊少年マガジン
1967年37号

写真提供：小曽根誠司

セブン聖地　シークレット・ハイウェイ

静岡の乙女トンネル。ポインターが通る地下トンネルの出口。当時とほとんど変わっていない。

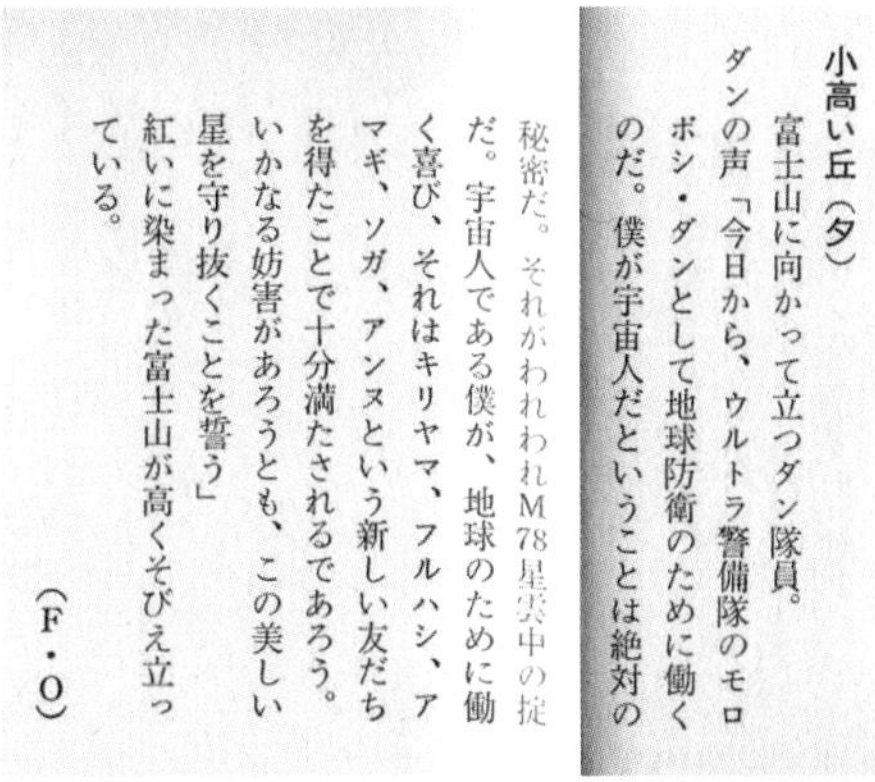

小高い丘（夕）
富士山に向かって立つダン隊員。
ダンの声「今日から、ウルトラ警備隊のモロボシ・ダンとして地球防衛のために働くのだ。僕が宇宙人だということは絶対の秘密だ。それがわれわれM78星雲中の掟だ。宇宙人である僕が、地球のために働く喜び、それはキリヤマ、フルハシ、アマギ、ソガ、アンヌという新しい友だちを得たことで十分満たされるであろう。いかなる妨害があろうとも、この美しい星を守り抜くことを誓う」
紅いに染まった富士山が高くそびえ立っている。
（F・O）

幻の第1話ラスト、ダンのモノローグ。「少し短くしてもあったほうがよかったと思うね」（森次）

プセル怪獣、見せなきゃいけないものがいっぱいで、だからダンとアンヌのシーンを削ってしまったんでしょうね。

森次　台本だと、ラストにダンの決意のモノローグがあるんだよ。長ゼリフでね、これもカットされてるんだ。

ひし美　セブンの登場シーンも短いのね。私はセブンの「デュワッ！」って声を聞くと、ダンがアフレコスタジオで声を録音した時を思い出すの。いろんな声で試して、それも大声で叫ぶから、ダンがめまいを起こして倒れそうになったのよね。40パターン近くやったんじゃない？　私も『高校生無頼控』という映画で、悲鳴のアフレコでめまいを起こした経験があるから、たいへんさはわかる。

森次　そう、宇宙のヒーローの声なんて誰も知らないから、「何か叫んでみて」って任されて、アドリブで次々に叫んで、選ばれたのが「デュワッ！」だったわけだ。

ひし美　「デュワッ！」なの、「ジュワッ！」なの？

森次　「デュワッ！」だよ。

夜空から不思議な物体が洋館に降りた翌朝、宇宙ステーションV3の石黒隊員が地球に帰還した。その夜から人間が植物のような怪物に変わる事件が連続して街は恐怖のどん底に。

緑《みどり》の恐《きょう》怖《ふ》 2

ワイアール星人の恐怖は子供番組じゃないよ。（森次）

制服で走るのはたいへんだった。（ひし美）

放送第2話 制作No.2　1967年10月8日放送
脚本：金城哲夫　監督：野長瀬三摩地　特殊技術：高野宏一
視聴率：33.8%

ダンとアンヌのコンビ誕生

森次　今では大人のファンも多い『ウルトラセブン』だけど、当時のスタッフも「子供番組だ」という気持ちはなかったんだよね。ただ「いいドラマを作ろう」って頑張っていたんだよ。いい作品に大人向けも子供向けもないって信念でね。

ひし美　私は単純だから、子供番組だと思って出演していたの。その前の『ウルトラマン』が子供に大人気だったから、同じようなものだろうって。

森次　宇宙ステーションから帰還した石黒隊員を迎える様子もリアルだ。それとダンは、心理状態を表すモノローグが多いけど、あれも大人っぽい演出だね。独り言のシーンは結構好きだった。ドラマの中で効いてるからね。

ひし美　この話と次の「湖のひみつ」が最初に撮った『セブン』なのよね。メディカルセンターでアンヌがワイアール星人を撃つシーンが最初に撮った場面だったの。

森次　ワイアール星人って怖いね。夜の住宅街で人間を襲う。子供番組じゃない

生物X（植物宇宙人）
ワイアール星人

身長　1.8〜150m
体重　100kg
〜1万3000 t

地球人を自分たちと同じ植物人に変えて支配しようとする。

「酔っ払い役の大村千吉さんは個性的な俳優さんでした」（森次）

「メディカルセンターがアンヌのファーストカットです」（ひし美）

「よく見るとアンヌが小走りです」（ひし美）。その理由は対談の中に。

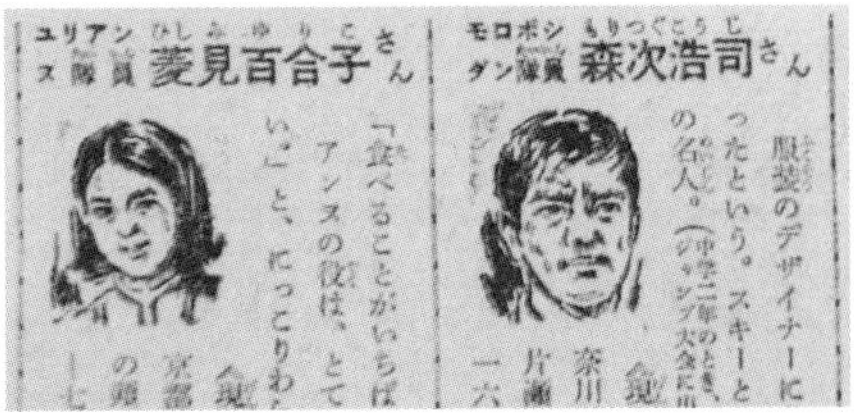

ユリアン
ス隊員 菱見百合子《ひしみゆりこ》さん

「食べることがいちば
アンヌの役は、とて
いこ」と、にっこりわ

モロボシ
ダン隊員 森次浩司《もりつぐこうじ》さん

服装のデザイナーに
ったという。スキーと
の名人。

出演者を紹介した少年雑誌の記事。森次はスキーとスケートの名人、ひし美は食べることが一番好きと紹介されている。

「ウルトラセブンがんばって〜！」とアンヌが応援してセブンが奮起する。

ってのは、あの怖さにも出てると思うよ。

ひし美　ダンが石黒隊員の奥様役の中真千子さんを抱えて走るシーンは、アンヌが一緒に走るけど、ダンが速く走れないから、アンヌもチョコマカ走ってる（笑）。

森次　ああ、中さんはほっそりした方だけど、抱えて走るのは重いからね（笑）。アンヌは小走りで合わせてくれたんだな。

ひし美　制服で走るのはたいへんだった。ヘルメットのサイズが私には大きくて、走ると頭がユサユサしてね。

森次　ヘルメットは苦労したな。耳が塞がれて、周りの音や他の人のセリフが聞こえなくて、芝居しづらかったよ。

ひし美　最後はダンがポインターで石黒夫妻を送るけど、ダンはまだ免許がなかったのよね。

森次　なかった。編集で工夫してるんだ。隊員として働いて、セブンになって宇宙人を倒したら、さらに運転を命じられて、ダンは働き過ぎだな。最終回に過労でダウンするのもわかるよ（笑）。

木曽谷に調査に向かったダンは、円盤の中で大切なウルトラアイを盗まれてしまう。アンヌは円盤の中にいた不思議な少女を基地で見張る。そのころ吾妻湖にエレキングが出現した！

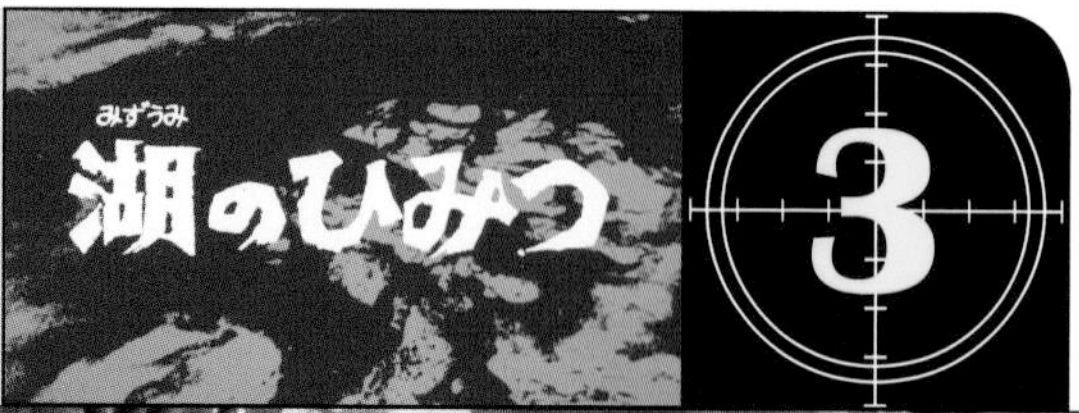

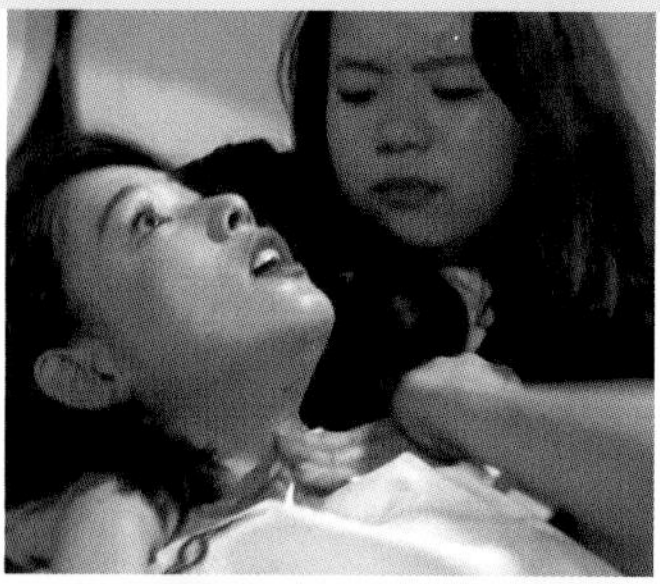

主役の重みを実感したよ。（森次）

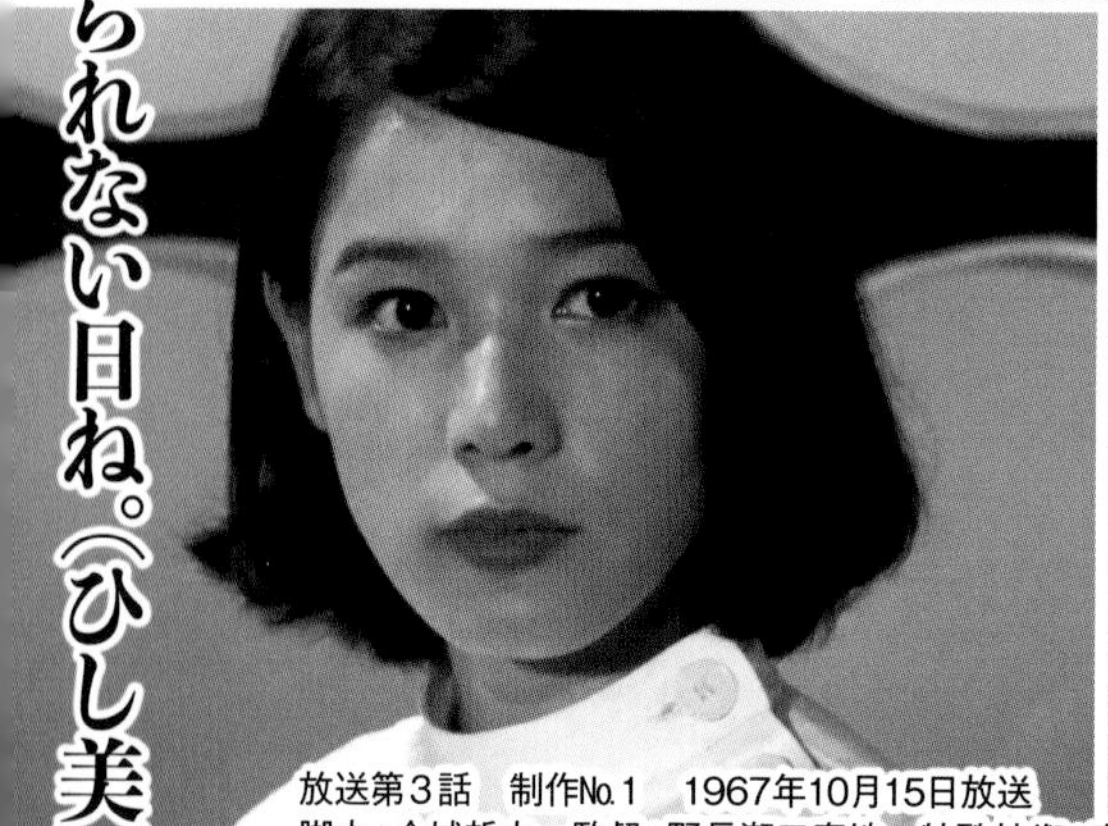

一生、忘れられない日ね。（ひし美）

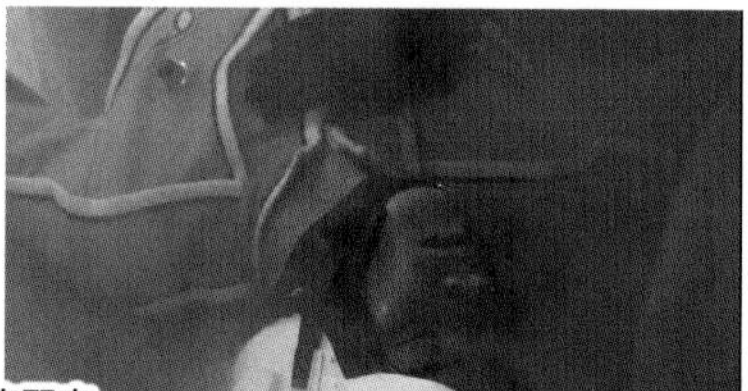

放送第３話　制作No.1　1967年10月15日放送
脚本：金城哲夫　監督：野長瀬三摩地　特殊技術：高野宏一
視聴率：32.1％

文字通りの「熱演」だった

森次　『ウルトラセブン』の正真正銘の第1回だね。この第3話から撮影が始まった。初日の西湖でのロケは衝撃だったよ。だって、行くと実物大の円盤が置いてあるんだ。ドーンと置かれた円盤を見て「これはすごい番組だぞ！」って、改めて主役の重みを実感したのを覚えてるよ。

ひし美　ダンは山の中でマムシ（毒蝮三太夫＝石井伊吉）さんと一緒のシーンが多いから、ダンの最初の共演者はマムシさんだったのかしらね？

森次　いや、最初は一人だった気がするよ。マムシさんは『ウルトラマン』でも隊員をやってたから、隊員役のコツを一番教えてくれそうなもんだけど、特に何かを教えてもらった記憶がないんだよね。

ひし美　ピット星人役の高橋礼子（注：クレジットの玲子は誤記）さんは、何年か前に再会してね。当時は15歳で子役をやっていたんだけど、この撮影があんまり過酷で、子役をやめてしまったんだって。

森次　逆に僕は、ここから過酷な一年が

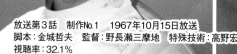

森次が驚いた円盤。
合成シーンだが、
４分の１ほどは現地
に作られている。

雑誌記事に描かれたダンとアンヌの似顔絵。
資料協力：山田恭也

最初は上にまとめているけど、途中から下ろしている。「髪型が繋がってないから下ろすシーンを作ったんです。セリフは『隊長がプリプリよ！』」（ひし美）

ALIEN& MONSTER

変身怪人 ピット星人

身長　1.55～2ｍ
体重　60kg

宇宙怪獣 エレキング

身長　20㎝～53ｍ
体重　500g～2万5千ｔ

カプセル怪獣 ミクラス

身長　ミクロ～40ｍ
体重　0～2万ｔ

始まったわけだよ（笑）。

ひし美　熱があったんでしょ。「森次さんが赤い顔でつらそうでした」って高橋さんが言ってたわよ。

森次　40度の熱が出たけど、医者にも行かずにすぐ下がったね。北海道出身には真夏のロケが響いたのか、主役のプレッシャーから来る精神的なものだったのか。円盤に驚いて、山の中を走り回ってロケをやって、スタジオに帰ってきたら、君が待っていて、ダンとアンヌのスチール撮りをやったんだよ。

ひし美　１９６７年の7月14日。一生忘れられない日ね。台本には、アンヌ役は豊浦美子さんと印刷されているの。私が代役だった確たる証拠ね（2ページ参照）。でも撮影現場で「あれ？　名前が違う」とか思った覚えは全然ないの。本当に何も考えてなかったんでしょうね（笑）。

森次　僕は主役とはいえ、まわりは先輩ぞろいで、現場では控えめにしていた。アンヌは最初から物怖じしないで、自由奔放だった印象があるよ（笑）。

船舶の消失事件が続発し、調査に向かった地球防衛軍の原子力船マックス号も宇宙へ放り出されてしまった。さらに謎の女に、ダンはウルトラアイを奪われてしまう。

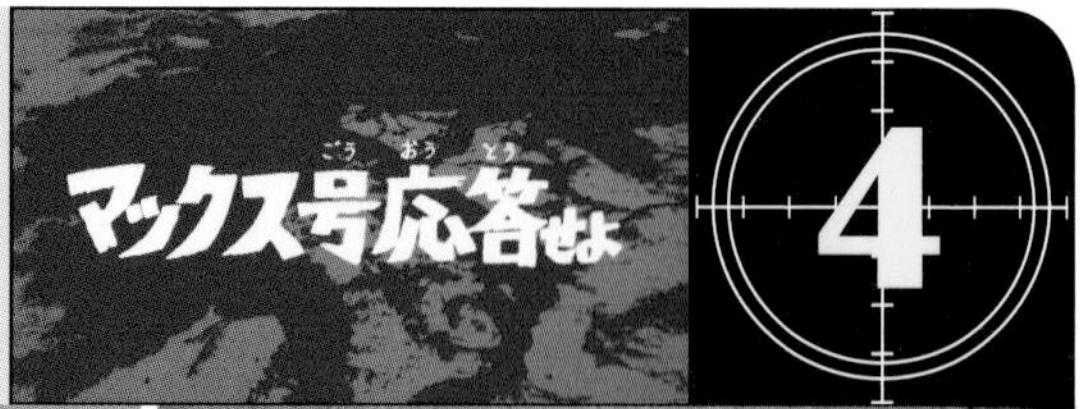
マックス号《ごう》応《おう》答《とう》せよ
4

ダンは上の空で鈍感なんだ。（森次）
アンヌがダンにお守りをあげるのよね。（ひし美）

放送第４話 制作No.4　1967年10月22日放送
脚本：山田正弘、金城哲夫　監督：満田稔　特殊技術：有川貞昌
視聴率：32.5%

最終回に繋がるアンヌの優しさ

ひし美　ダン、前回に続いてウルトラアイを盗られちゃってるわよ。

森次　ちょっと盗まれすぎじゃないかって思っていたよ（笑）。でもそれがよかったんだ。前作のウルトラマンは3分しか戦えなかったけど、セブンは時間制限がないだろ。その点、ときどきウルトラアイを盗られて変身できないのは、いい弱点になってたと思うんだよ。

ひし美　しかも大体、美女の宇宙人の罠でね（笑）。この時は水《みず》上《かみ》竜《りゅう》子《こ》さん。

森次　きれいな方だよね。大人の魅力で印象に残ってるな。ダンをデカいスパナでガツン！　ウルトラアイを手に入れた嬉しそうな笑顔も素敵だよ（笑）。

ひし美　この回はダンの運転場面が多いけど、本当は免許がなかったのよね。

森次　そう。スタッフたちが、「せーの！」でポインターを押し出して、僕はブレーキだけかけて、それでみんな降りる。

ひし美　私も最終回でやったな。ポインターを停めて、「アキオくんって少年が教

アンヌのお守りがゴドラ星人のカプセルに閉じ込められたダンを救った。

ラストシーンの撮影で、本番前にヘルメットのストラップを締めるひし美。しかし、作品ではなぜかストラップが緩んでいる。

ALIEN

反重力宇宙人 ゴドラ星人

身長 2～52m

体重 120kg ～4万5千 t

マックス号を行方不明にして地球防衛軍の目を宇宙へ向けさせ、その隙に基地に潜入し原子炉を爆破しようとした。

女の姿でダンを油断させ、ウルトラアイを奪うゴドラ星人を水上竜子が演じた。

空想特撮シリーズ

レッドマン(仮)

カラー作品

―地球壊滅計画―

制作・TBS 円谷プロ

制作第5回までは台本は仮タイトルの『レッドマン』で印刷されている。サブタイトルも変更。

ニセのダンがゴドラ星人に変身して巨大化したり、等身大でキリヤマ隊長とアンヌに話しかけるセブンなど、珍しいシーンが見られる。

えてくれたの」ってダンに言うところ。

森次　あったね。この回はアンヌがケガしたダンの手当てをする。ああいうのは最終回に繋がってるんだよな。

ひし美　アンヌがダンにお守りをあげるのよね。

森次　オデコに絆創膏を貼ってもらってね。でも、ダンは上の空で鈍感なんだ。アンヌの心配する気持ちや、やさしさにまるで気づかないんだよな(笑)。

ひし美　え、そんなシーンあったっけ?

森次　あったよ。アンヌはお守りと絆創膏がないニセのダンを見て、変だって気づく。鋭いんだよ。女のカンだね。

ひし美　あらっ⁉ そういう意味だったの? ごめんなさい、言われるまま芝居してるだけだから……(笑)。

森次　信じられないな。鈍感なのはダンじゃなく、アンヌだったんだな(笑)。

ひし美　ダンがニセモノってのも、よくわからず芝居してた気がするな(笑)。

森次　本当かね。悪いダンをやれたのも面白かったな。高笑いしたり、楽しそうにやってるよ(笑)。

ユシマ博士が地球防衛軍基地を訪れてから奇怪な事件が次々と起こり、ダンにスパイの嫌疑がかかる。同じ頃、ビラ星人の宇宙船団が地球に侵入してきた。

消《け》された時間《じかん》 5

若いダンとアンヌがいて畏れ多いな。（ひし美）
地球防衛軍の「大きさ」が出ていたな。（森次）

放送第5話 制作No.6　1967年10月29日放送
脚本：菅野昭彦　監督：円谷一　特殊技術：高野宏一
視聴率：32.9%

セットも操演も特撮が見事

森次　ゲストはユシマ博士役の山本耕一さん。大人向けテレビドラマで大活躍される憧れの先輩だったね。

ひし美　キリヤマ隊長の中山昭二さんは、この話のロケは山本さんと同じ部屋で、山本さんが奥様と仲良くお電話されてたのを聞いて「すっかり当てられてしまったよ」と笑ってたな（笑）。

森次　小林千登勢さんとおしどり夫婦でも有名だったからね。ヤマオカ長官の藤田進さんもどっしりして、『セブン』の子供番組と思えない配役は凄いね。

ひし美　藤田さんは凄く重みがあったわね。参謀では宮川洋一さんが楽しい方で、アンヌちゃん、アンヌちゃんってかわいがってくださったの。

森次　藤田さんが長官で、宮川さん、佐原健二さんがセミレギュラーで参謀だろう。完璧なキャスティングだよ。地球防衛軍の「大きさ」が出ていたな。通信隊員の勝部義夫さん、レーダー係の加藤茂雄さん、東宝の上手なベテランが揃ってい

鳥居や五重塔など作り込まれたミニチュアセットとワイヤー操演のビラ星人。特撮シーンのレベルが高い。

セブン聖地　時間停止光線を浴びたホテル

ユシマ博士が滞在しビラ星人の時間停止光線を浴びたホテルは「箱根国際マンション」というコンドミニアムで、「ミスティイン仙石原」として現存する。ぜひ時間を忘れて泊まりたい！

隊員全員がユシマ博士を迎えるシーンで、どういうわけか階段の上に隊員服の背中が二つ…。いったい誰？

ユシマ博士はメインゲストの山本耕一、ヤマオカ長官はセミレギュラーの藤田進。重厚なキャスティングが大人も見られるＳＦドラマにした。

宇宙蝦人間 ビラ星人

身長 1.8〜40m
体重 100kg 〜1万t

時間停止光線を使ってユシマ博士にビラ星人の心を植えつけ、博士を操った。

円谷一監督と森次晃嗣。円谷一監督は本作などで『セブン』の洗練されたイメージを作り上げた。

る。地球防衛軍の優秀さが伝わる配役だ。

ひし美　そこに若いダンやアンヌがいて、今になって畏れ多いな。前回に続いてダンは運転シーンが多いじゃない。覚え書(企画書)じゃダンはポインターの運転手で子供みたいな扱いだもんね。

森次　僕が免許を取る暇がないこともあって、設定が消えていったんだろう。この話は特撮も凄い。鳥居が並んだミニチュアセットが見事なもんだ。そこにピアノ線で操演する宇宙人が出てくるんだから、たいへんな手間だよ。

ひし美　特撮班の美術は、怪獣や宇宙人のデザインでも有名な成田亨さん。気さくな方で「カニを食べに行こうよ」と誘ってくださったけど、結局行けなくて残念だな。特撮の凄さを知ったのはずっと後。アフレコでは、まだ特撮は仕上がってなかったのかな。

森次　そうだよ。特に特撮班は、徹夜徹夜でスケジュールの限界が普通だからね。

アンヌ　時間が止まる話だけど、時間を止めて撮影したいくらい、『セブン』スタッフはがんばっていたのよね(笑)。

基地内のアンヌの部屋に黒い影が現れた。影はケガをしているので休ませてほしいと言う。一方、動力系統が故障した宇宙空間都市ペガッサ市が、地球に接近してきた。

ダーク・ゾーン　6

放送第６話 制作No.3　1967年11月5日放送
脚本：若槻文三　監督：満田穧　特殊技術：有川貞昌
視聴率：32.4%

満田監督の演技指導のスタート

ひし美　この話は最初「ワンツースリーフォー」って始まる「ＵＬＴＲＡ ＳＥＶＥＮ」が流れるじゃない。ダンは「カッコいい曲だよな～！」って、撮影当時から凄くお気に入りだったわよね。

森次　大好きだよ。特にポインターが走るシーンでかかると最高にハマる。ああいう使い方をした満田監督のうまさね。画面とぴったり合ってるから、見る人の心と目と耳に残るんだ。

ひし美　私は『セブン』の音楽は爽やかな朝みたいなフルートの曲が好きなんだけど、あの曲が流れて、いきなりアンヌの部屋に黒い影が現れるのね。

森次　僕らがソファで向かい合って、黒い影と話すんだよな。影はあとから合成だから、「誰もいない場所に向かって芝居するのは難しいでしょう」って訊かれるけど、役者はアップで喋るときは、話す相手が目の前にいなくても、いるみたいにセリフを言うのが普通の作業だからね。

ひし美　そうね。相手がいると、反対に

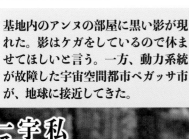

ダーク・ゾーンはセブンの光線などと同じ光学合成。原理はアニメーションと同じ。奥のドレッサーに注目。鏡にも映っているのがリアルで細かい。

ドレッサー前のアンヌとペガッサは『怪獣ウルトラ図鑑』の裏表紙などで昭和の少年の目に焼き付いているが、劇中にはそんなシーンはない。

基地の一般隊員で、ウルトラセブン役の上西弘次が素顔で出演している。

セブン聖地　最後に対峙した公園

地球を破壊する爆弾が撃ち込まれ、ペガッサ星人とダンが最後に対峙したのは世田谷区立総合運動場。三角屋根の体育館、噴水など今も変わらない。

ALIEN

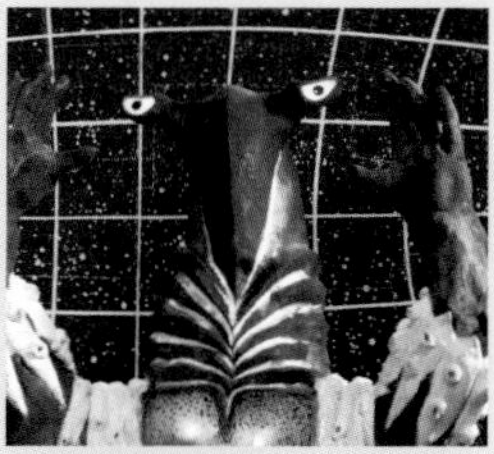

放浪宇宙人 ペガッサ星人

身長 2m
体重 120kg

ペガッサ市と地球の衝突が避けられない場合に、地球を爆破する使命を帯びている。

人間大のペガッサ星人だが、ブルマァクのウルトラホーク1号の箱絵で巨大化！下は中身。トランプでは目からビームも。

資料提供：中村隆文
撮影：大澤邦彦

意識して喋りにくいときもあって。でも、これはちょっと珍しい演技だわね。

森次　だから満田監督は僕らに特別に演技指導したんだよな。他のレギュラーとは別に、事前にセットに呼ばれたんだ。

ひし美　非常灯だけが灯った暗いセットで練習したなあ……。

森次　この話は地球とペガッサ市が衝突することになり、どちらかしか生き残れないという、シビアな話なんだよね。そこも特訓のおかげでリアルになった。

ひし美　セブンは深いって言われるけど、監督やスタッフの力よね。

森次　深いよ。でもその深さをどう出すのかってのがあるからね。役者の芝居で。ダンとしてはどっちの心情もわかるから、単純に喜べないところがあってさ。

ひし美　最後、ペガッサ星人がどこかにおびえて隠れてるかもってのもいいな。

森次　そうそう、いい余韻だよね。

ひし美　私は『セブン』の宇宙人でペガッサ星人が一番好きなの。影に隠れておびえて、なんか可愛いって思っちゃう(笑)。

小型宇宙船で飛来した宇宙人が人々を襲った。それはキュラソ星から逃走した凶悪殺人鬼だった。ついに宇宙人はアンヌを人質にホーク1号のβ号を奪い逃亡する。

宇《う》宙《ちゅう》囚《しゅう》人《じん》303

7

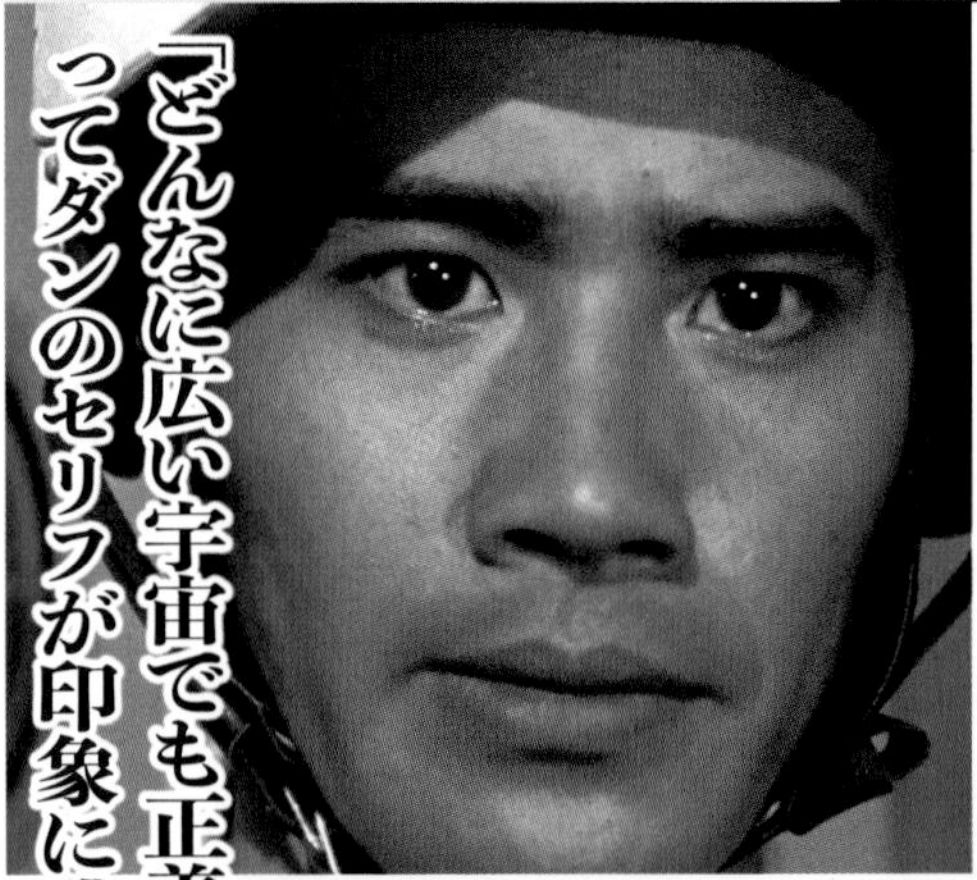

「どんなに広い宇宙でも正義はひとつなんだ」ってダンのセリフが印象に残る。（森次）

アンヌを助ける作戦を提案するダンは頼もしいわよね。（ひし美）

放送第7話 制作No.8　1967年11月12日放送
脚本：金城哲夫　監督：鈴木俊継　特殊技術：的場徹
視聴率：29.1％

脚本の力が際立つ作品

森次　地球と宇宙を股にかけたスケールの大きな犯罪ドラマ。『セブン』らしいな。

ひし美　通り魔みたいな宇宙人がすごく怖いわよね。でもガソリンスタンドに来た外国人のお嬢さんの、「コニチハ、ガソリンヲクラサイ！」っていうカタコトのセリフは何度聞いても笑っちゃう（笑）。あのスタンドはうちの近くにあって、見かけるだけで笑っちゃうし。

森次　のんきな感想を言ってるけど、キミが宇宙人に操られたり、誘拐されちゃう、なかなかたいへんな話なんだぜ（笑）。

ひし美　そう、そうなんだけど、アンヌが宇宙人の催眠術で操られて、ボーっとしてる場面が長いじゃない。あの顔が気に入らなくてね！　やっぱり、女性としては、ちょっとでも可愛くニコニコの笑顔を撮って欲しいじゃないの（笑）。

森次　いや、笑ってちゃまずいでしょ。ああいう役なんだから（笑）。いかにも虜になってる顔で、うまい芝居だったよ。

ひし美　そうだとしても恥ずかしくてね。

セブン聖地　ガソリンスタンド

キュラソ星人が襲ったガソリンスタンド。現在は外観が変わっているが、当時と同じ場所にある。

写真提供：米津和哉

「コニチハ、ガソリンヲクラサイ！」とカタコトの日本語で話す美女。クレジットされているキャシー・ホーランでなく、シャリー・スプレクスという演者。素性は不明。

火炎怪人 キュラソ星人

身長 2.5〜43m
体重 250kg 〜1万 t

キュラソ星の凶悪殺人鬼で逃走犯。ガソリンを飲んで火炎を吐く。人間を操る能力も。

「マナベ参謀役の宮川洋一さんは“アンヌちゃん、アンヌちゃん”と、とても気さくで優しいおじさまでした」（ひし美）

キュラソ星人に襲われる水島家の長男は、『ウルトラマン』にも出演した山村哲夫。ガンダーやプロテ星人のスーツアクターでもある。

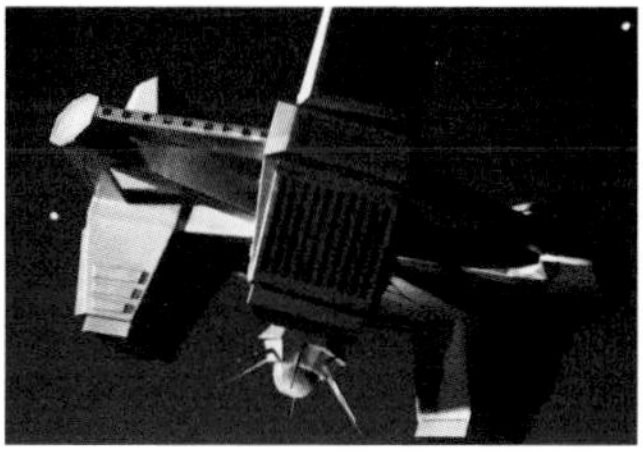

スケールの大きな『ウルトラセブン』を象徴するメカ、宇宙ステーションV型が2度目の登場。事件解決へ重要な役割を果たした。

監督の鈴木俊継さんは、すごく優しい方で、わからないことを相談に行くと丁寧に教えてくれる人だったな。

森次　元東宝俳優だからね。役者の身になった演出でやりやすかったな。

ひし美　アンヌを助ける作戦を提案するダンは頼もしいわよね。「やるんです！」と、テコでも動かない頑固さで言い切って。ダンにはこんな面もあるんだなって。

森次　それはホン（脚本）だね。『セブン』はホンに力があるってことだろうな。主役のセブンが数秒しか出てこないのもヒーロー番組では異色だよ。お話をちゃんと見せたいからだよね。そして「どんなに広い宇宙でも正義はひとつなんだ」ってダンのセリフが印象に残る。

ひし美　金城哲夫さんらしい素敵なセリフよね。

森次　うん。ところでこの話で気になるのは、キュラソ星人に襲われた家に警備隊が駆けつけるね。それが警備隊の隊員5人ともなんだよ。「ポインター1台にみんな乗ったのかな。狭かっただろうな」って、妙に気になっちゃうんだよ（笑）。

8 狙《ねら》われた街

それまで何ともなかった人が突然暴れ出す事件が北川町で頻発する。暴れた人の吸っていたタバコが怪しいと睨んだダンとアンヌは犯人を張り込むが…。

『セブン』にとって実相寺監督は必要な監督だったんだと思う。（森次）

いつもカメラを覗いていて、「役者よりカメラが好きなんだあ」って（笑）。（ひし美）

放送第8話 制作No.10　1967年11月19日放送
脚本：金城哲夫　監督：実相寺昭雄　特殊技術：大木淳
視聴率：29.6%

「本編と特撮がかみ合った傑作」

森次　実相寺監督の名作だよ。

ひし美　マムシさんから「次は鬼才監督が来る」って聞いて、「怖い監督が来るんだ!?」って私は戦々恐々としてたんだけど、ダンは？

森次　それはなかったね。でもまるで画が違うんで驚いた。実相寺さんは、『セブン』の監督の中で一番刺激的だったよ。

ひし美　そうね。刺激的。いつもはやらないことをやるもんね。ポインターに甥の男の子を乗せて、「お父様の飛行機がね……」ってところは、すすり泣きが上手にできなくて、今も恥ずかしいな（笑）。

森次　いいんだよ。役者の芝居には何も言わない監督だったじゃない。満足しているんだよ。

ひし美　そう！　鬼才で怖いどころか、ぜんぜん一言もない。いつもカメラを覗いてる。「役者よりカメラが好きなんだあ」って思ってた（笑）。今考えれば、それが演出スタイルなんだわね。ごめんなさい（笑）。お寺のお葬式で喪服を着るじ

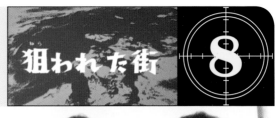

「アフレコで、マムシさんが自分の気絶した顔を見て、"きったねえ顔"！　って吹き出して、みんなで大爆笑でした（笑）」（ひし美）

喪服姿で叔母をなぐさめるアンヌ。下の本文中で「『ウルトラマン』ではロコ（桜井浩子）が着てるんだって」（ひし美）というのは、シーボーズが登場する第35話「怪獣墓場」のこと。

ダンの背中越しに、すれ違う参列者の会話が続く長回しの印象的なショット。「スーツの背中にカメラが張り付いて動いて、いちいち変わってるんだよな」（森次）

喫茶店で張り込むダンとアンヌ。ダンがグラスを上げた、まさにその位置に不審な男が現れる。「グラスを持った手は「はい上げた」「はい下げた」って、指示を聞いて動かしてるのよね」（ひし美）

アンヌの叔父の家での1カット。右からアンヌ、ダン、アンヌの叔母、甥。「品川の御殿山にある、文豪の吉川英治さんが住んでたお屋敷だったわね」（ひし美）

ゃない。『ウルトラマン』ではロコ（桜井浩子）が着てるんだってね。監督の趣味だったのかしら（笑）。

森次　ダンにスーツを着せたりさ。いつもと違う格好をさせるのが好きだよな。タバコを吸ってウルトラ警備隊の作戦室でみんな暴れるじゃないの。マムシさんもアチ（ソガ役の阿知波信介）も面白がってやってたよなあ（笑）。

ひし美　アフレコでマムシさんが、自分の気絶した顔を見て、「きったねえ顔！」って言って、みんなで爆笑したのを忘れないわ（笑）。

森次　役者はフィルムを見て「なんでこんな撮り方？」って驚くわけだよ。電話機の本体と受話器の隙間から撮ったりさ。普通は考えもしないよ。手持ちカメラでの撮影も多い。実験的にやってるんだろうね。

ひし美　作戦室が暗いのも不思議だけど、現場では何も思ってなかったな。

森次　暗いね。全面的にライトが当たるのは好みじゃないし、ほぼシルエットとかね。でもどんな変わった撮り方も全然鼻につくってことがない。そこが凄い。

セブン聖地　駅前の自動販売機
タバコの自販機があったのは小田急線の向ヶ丘遊園駅前。ダンとアンヌが張り込みした喫茶店はすでにないが、近いアングルで駅が見下ろせる店はある。

カメラのフォーカスが奥のダンから手前のアンヌへ送られ、印象的なカットだが……「4K版ではアンヌのニキビは消してくれないかしら(笑)」(ひし美)

もはや伝説となっているちゃぶ台のシーン。「冷蔵庫とちゃぶ台は、あの時代でも古いなあって思った。そこもこだわりだろうな」(森次)

本編と見事な調和を見せた夕日の特撮。「実相寺組は特撮も凝ってるんだよな。本編と特撮の両方がうまくかみ合っている」(森次)

ALIEN

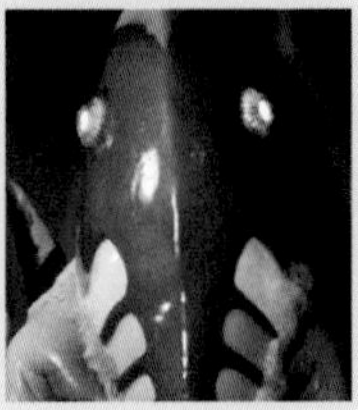

幻覚宇宙人
メトロン星人
身長　2～50m
体重　120Kg ～1万8千t
人間を凶暴化する赤い結晶体をタバコに仕込み、人間同士の信頼関係を壊そうと企む。

本作を演出中の実相寺昭雄監督。左にダンとアンヌ。ラストのナレーションも監督の作と言われる。「人間同士の信頼感を利用するとは恐るべき宇宙人です。でも、ご安心ください。このお話は、遠い遠い未来の物語なのです。え、なぜですって？　われわれ人類は今、宇宙人に狙われるほど、お互いを信頼してはいませんから」

ひし美　画がきれいだもんね。アンヌの叔父の家は文豪の吉川英治さんの元のお屋敷で撮った。品川の御殿山だったな。

森次　あそこは外が明るくて役者は完全にシルエットでさ。でもベタに当てられるより雰囲気があって面白いよな。

ひし美　わたしたちが喫茶店で張り込みするシーンは、向ヶ丘遊園の駅前の店だったでしょ。グラスを持った手は「はい上げた」「はい下げた」って、指示を聞いて動かしてるのよね。

森次　アフレコだから、現場の音は関係ないからやれたんだよな。

ひし美　最近、『ウルトラセブン』が4Kになったじゃない？　細かいところまでクッキリ見えるけど、アンヌのニキビは消してくれないかしら(笑)。

森次　消しちゃダメだよ、ニキビもチャーミングだよ(笑)。

ひし美　有名なちゃぶ台で話すシーンはどうだったの？

森次　冷蔵庫とちゃぶ台があるね。あれはあの時代でも随分古いなあって思った。そこも実相寺監督のこだわりだろう

「狙われた街」でカットされたシーン

アンヌが見守るこんなシーンが。

『セブン』の中でもシリアスタッチで人気がある「狙われた街」だが、アンヌとタクシー運転手のこんなコミカルなくだりが撮影されカットされた。右はその幻のシーンの一コマ。緊張の面持ちのアンヌの傍らで、運転手は串だんごを頬張りながら、ダンの入ったアパートを見物している。もし使用されていたら、ダンとアンヌの執念の捜査のムードはいささか違ったものになっていただろう。

追って来たタクシー、とまる。
ダン「アンヌ、君はここで待っててくれ」
アンヌ「一人で大丈夫なの？」
ダン「うん。何かあったら本部へすぐ知らせる。いいね」
アンヌ「了解」
ダン、ビルの中に走って行く――
アンヌ、運転手に金を払う。
運転手「何が始まるんですか？」
どうやら、見物をきめこむらしい。

アンヌとタクシーの運転手がビルを見上げている。
窓に洗濯物か干されてある。

大地がグラグラ揺れる。
びっくりするアンヌと運転手。
と、ビルが除々に動き、ロケットさながらに、上昇を初める。
ギョッとなる運転手。
グングン上昇するビル！
洗濯物がヒラヒラ舞い落ちてくる。

その一つが運転手の顔にかかる。
運転手、悲鳴を上げて逃げる。
アンヌ「（ビデオシーバー）アンヌより本部へ……アンヌより本部へ……」

助監督使用台本より。上の赤線がいずれも撮影済みのシーンだと示している。運転手役は田部誠二。

な。メトロン星人との会話は、ああいうのって気を遣う。宇宙人の役者さんがたいへんだから、早く終わらなきゃNGを出さずにやらなきゃって頭にあってさ。

ひし美　ああ、「緑の恐怖」でワイアール星人を演じてる人が、暑くて気持ち悪くなってしまったのよ。メトロン星人は、「ハハハ、地球人は……」って気取ってるけど、演じる人はたいへんよね。

森次　実相寺組は特撮も凝ってるんだよな。夕日バックの戦いだね。本編と特撮がうまくかみ合っている。実相寺監督には、『ウルトラセブン』が合ってたんじゃないかな。『ウルトラセブン』にとっても実相寺監督は必要な監督だったんだと思うね。奇跡的な出会いって言っていいんじゃないかな。

ひし美　ラストのナレーションは今聞くとひねりがきいているわね。

森次　そう、「人間同士の信頼感を利用するとは……」って皮肉でね。あれは台本にはないんだよな。つまり監督が付け加えた、実相寺ワールドだよ。

ダンをつけ狙う怪しい少女。彼女の手によってフルハシが負傷する。一方、子どもたちにおもちゃの武器を配る、おもちゃじいさんが現れる。「アンドロイド0指令」とは一体何か？

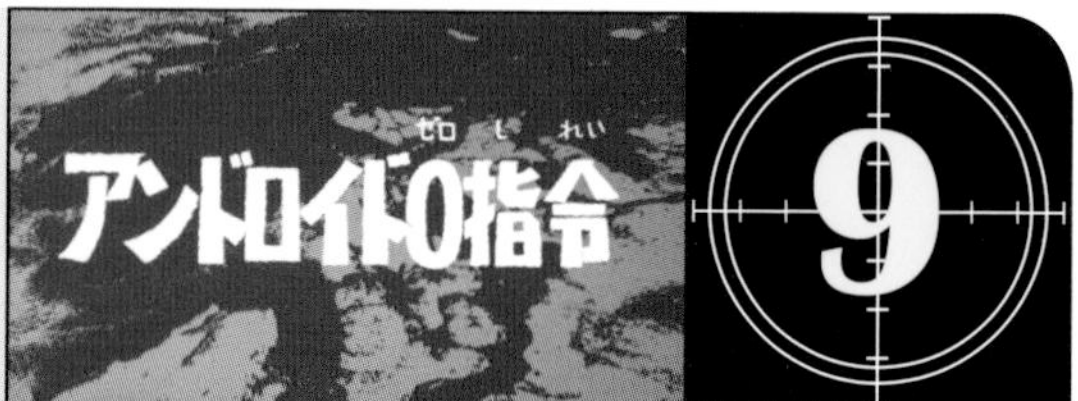

殴った後にソガに『すまん！』と言うのは ダンの人の良さだよな。（森次）

放送第9話 制作No.11　1967年11月26日放送
脚本：上原正三　監督：満田稩　特殊技術：的場徹
視聴率：30.2%

植村謙二郎さんは父の知り合いだったの。（ひし美）

アンヌが出演しない作品

森次　今回、君はほぼ出てないんだよな。

ひし美　9話と11話の2本撮りは、「満田監督に干されちゃって」って自分の本に書いたら、あとで監督に「アンヌ、違うよ。ちょっとお灸をすえただけでさ」って言われたな（笑）。

森次　だって、干されるようなことしてないだろう？

ひし美　うーん、お酒の味を覚えたばかりで、ちょっとはしゃぎ過ぎたかな（笑）。だから女優の自覚を持てと、監督に出番を削られちゃったの。反省してるし、今では感謝です。台本の「危うく感電死するところだったのよ」っていうアンヌのセリフが、作品ではキリヤマ隊長に振り替えられてるの。でもアフレコには行ってるから、休みじゃなかったんだわね。

森次　どうしてわかるんだい？

ひし美　おもちゃじいさん役の植村謙二郎さんが、父の知り合いだったの。「菱見です、いつも父が……」「おおーっ、あなたが」ってご挨拶した覚えがあるの（笑）。

おもちゃじいさん役の植村謙二郎は『帰ってきたウルトラマン』「怪獣使いと少年」のメイツ星人役でもウルトラファンに有名。

変身に邪魔なソガに当て身を食らわせて「すまん！」。台本にはない味付けだった。

チブル星人は子供たちにバッジを配って操ろうとした。

ものすごい弾着でダンもソガも右往左往する。

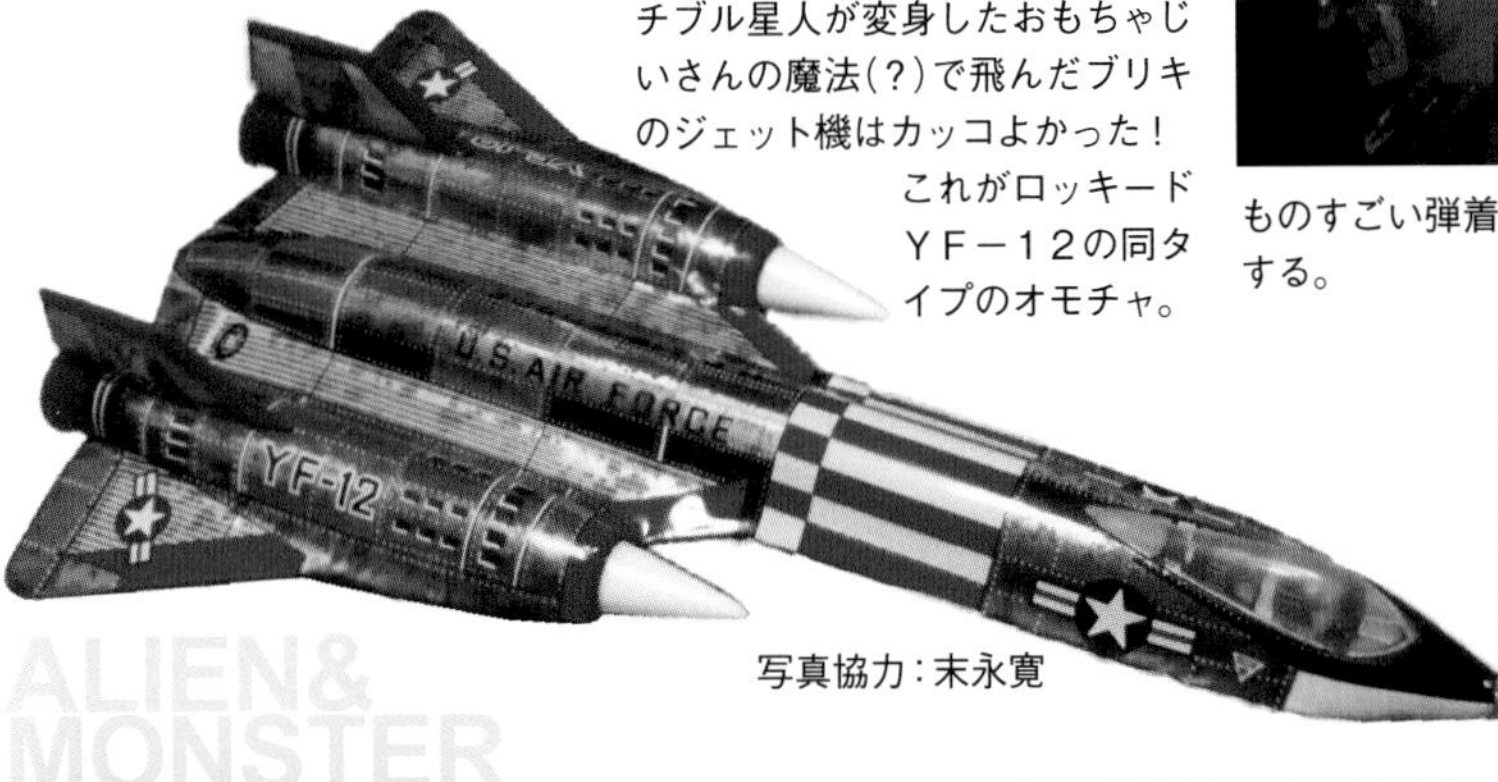

チブル星人が変身したおもちゃじいさんの魔法（?）で飛んだブリキのジェット機はカッコよかった！
これがロッキードＹＦ－１２の同タイプのオモチャ。

写真協力：末永寛

ALIEN&
MONSTER

頭脳星人
チブル星人

身長　2m
体重　500kg

知能指数5万を誇る。子どもたちを操り、人類を攻撃させようとした。

アンドロイド少女
ゼロワン

身長　2m
体重　90kg

チブル星人が作ったアンドロイド。手から電撃や光線を発射する。

森次　大ベテランで味のある方だったな。

ひし美　アンドロイド役の小林夕岐子さんは、東宝の同期なのよ。

森次　不思議な感じで、アンドロイドにぴったりだな。

ひし美　デパートを借りて撮影したの？

森次　うん、銀座の松屋ね。深夜から朝までワンフロアを借りたんだよ。

ひし美　火薬の弾着がすごいじゃないの。

森次　あれはセットだけど危なかった。間一髪で逃げてる。

ひし美　ソガがいたら変身できないからって、ダンが当て身で気絶させるのが意外で面白いわよね（笑）。

森次　殴った後にソガに「すまん！」という。そんなことより早く変身すりゃいいのにさ（笑）。ダンの人の良さだよな。あの「すまん！」は台本にないんだよ。

ひし美　じゃ、満田監督が足したの？

森次　だね。満っちゃんは、28話でダンとアンヌに映画館でデカイせんべいかじらせたり、ダンの面白いところを必ず入れてくるんだよな（笑）。

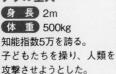

別荘で療養中のアキラ少年の庭で、鳥が空中で制止する奇怪な現象が起きた。アンヌと共に駆けつけたダンは異常を察知し、怪しい隣人の待ち受ける四次元空間に飛び込んだ！

10 怪《あや》しい隣人

ただの狭い部屋を印象的な四次元空間にする『セブン』スタッフはさすが。（森次）

なんといっても忘れられないのは、シャンデリアみかん事件ね。（ひし美）

放送第10話 制作No.7　1967年12月3日放送
脚本：若槻文三　監督：鈴木俊継　特殊技術：的場徹
視聴率：31.7%

四次元空間が印象的

ひし美　これは『セブン』には珍しく子供が出てくるのよね。子供が隣の人がおかしいと気づくというシチュエーションで。私は女優にならなければ幼稚園の先生になりたいくらい子供好きだったけど、ダンはどう？

森次　あのころは苦手だったかもしれないな（笑）。いや子役がという意味だよ。子役って役柄に素直に入って、無駄な神経を使わず、そのままスポンと出してうまいんだよ。負けないようにって意識してた。それと、ダンをやってる頃は子供たちに追いかけられてさ（笑）。

ひし美　ダンは追っかけられたんだ。アンヌはぜんぜん。誰も気づいてくれなかったのかな（笑）。

森次　本物はテレビよりきれいなお姉さんで、テレちゃったんだろうな（笑）。こっちはたいへんだよ。「今日は変身しないの？」って（笑）。「怪獣出てないだろう」って笑顔で切り抜けたよ（笑）。

ひし美　うまい！　ダン、立派！

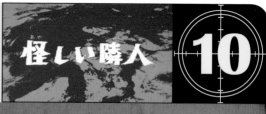

森次の語った四次元空間。「風船部屋が四次元空間に変わった」(森次)

怪しい隣人のイカルス星人人間態役山本廉。『セブン』では34話にも出演。

異次元宇宙人

イカルス星人

身長 2.5〜40m

体重 300kg 〜1万8千トン

異次元コントロールマシンを使用。四次元に基地を建設して地球を攻撃した。

ラストに笑顔で事件を振り返るダンとアンヌ。「のどかな終わり方もいいわね」(ひし美)

イカルス星人は当時のベストセラー『怪獣ウルトラ図鑑』の表紙でもおなじみの人気宇宙人。

森次　ヒーローをやった者が、一番守らなくちゃならないのは、子供たちの夢だからね。この話で印象的なのは、四次元空間だよ。セットに入ると、ただの狭い風船部屋で「大丈夫か?」って心配になったよ。ところができあがったら、レンズ効果や音楽で不思議なシーンになっていた。『セブン』スタッフはさすがだね。

ひし美　私はなんといっても、「シャンデリアみかん事件」ね。

森次　君がスタッフにみかんを渡そうと投げたら、間違ってシャンデリアを壊してしまったという? 僕は知らない。その時はいなかったんだな。

ひし美　詳しいことは巻末の座談会を見てね(笑)。イカルス星人の山本廉さんは東宝の大先輩。とても芝居の研究をされる方で、私が「ダン!」と叫ぶセリフを「もっと悲しそうな発声をした方がいいと思うよ」って指導くださって、とても感謝しています。

森次　シンプルな黒服と不気味な発声で、宇宙人らしさを出せるんだから芝居巧者だよ。

大勢の若者の死体が発見され、ダンとソガが調査を開始する。調査中に何者かに撃たれダンは即死する。悲しむウルトラ警備隊の隊員たちの前にワイルド星人が現れた。

魔《ま》の山《やま》へ飛《と》べ 11

みんなが馬に乗って、草競馬みたいなことやって。(ひし美)

衝撃的な回だよ。いきなりダンが死ぬんだから。(森次)

放送第11話 制作No.12　1967年12月10日放送
脚本：金城哲夫　監督：満田穣　特殊技術：的場徹
視聴率：31.6%

衝撃！　主人公がほとんど出ない！

森次　衝撃的な回だよ。いきなりダンが死ぬんだから。死んでて最後までほとんど出てこない。それにアンヌも出てこない。「ダンの一大事に、一体アンヌはどうしてたんでしょう？」ってファンに聞かれて困っちゃうよ。

ひし美　アンヌが出てない理由は「アンドロイド0指令」と同じね。

森次　ダンが死んで、悲しすぎて寝込んでたんじゃないかな？

ひし美　ピンポンピンポン！（笑）。そういうことにしましょ。でも「出なくてよかった」って思ってる。ダンが死んでアンヌが泣くシーンがあったら、そんな難しい芝居は私には絶対にできなかったもの。きっとぶち壊しでドッチラケよ（笑）。

森次　ダンが死んでみんなが泣くシーンは、大声を上げてボロボロ泣いて凄いよ。ひとつの山場だね。だんだん隊員それぞれにスポットを当ててたり、幅のある話を書き出してるんだな。ロケは浅間山麓。アンヌも来てたよね？

「照明の新井盛さんが出てたの（笑）」（ひし美）。他の牧童役は怪獣を演じた鈴木邦夫、荒垣輝雄など。円谷プロ文芸部の金城哲夫、上原正三、宮崎英明も医師役で目元だけ出演している。

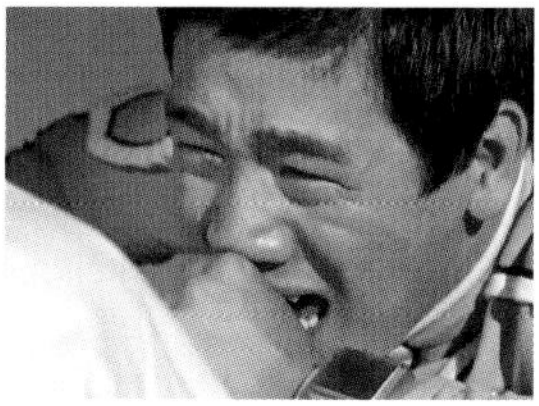

突然のダンの死に隊員たちは泣きじゃくる。「ダンの弔い合戦だ！」というキリヤマのセリフに気持ちがこもる。

ダンは生命カメラに命を奪われる。

「どこから持ってきたんだろうってサボテンがあった（笑）」（森次）。牛の頭骨など小道具が持ち込まれた。ロケは浅間山麓の天候と霧に悩まされたと監督の満田稔は述懐している。

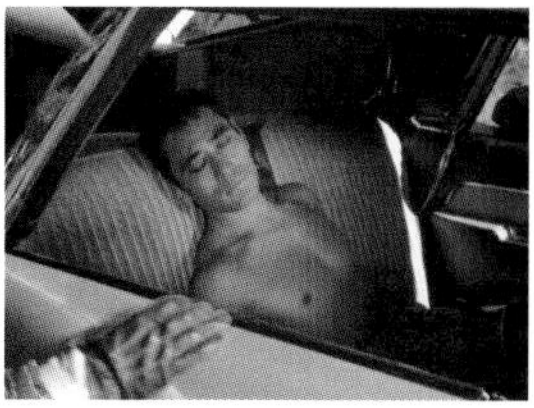

犠牲者の死体役はウルトラセブンアクター上西弘次。

ALIEN& MONSTER

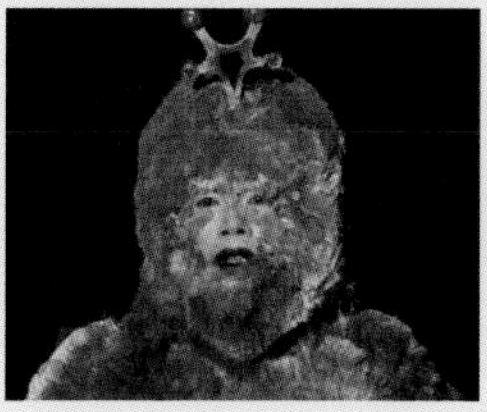

宇宙野人
ワイルド星人
身長 2.2m
体重 150kg
年老いた種族の宇宙人で、若い命を求めて地球に飛来。生命カメラで命を写し取る。

宇宙竜
ナース
身長 120m
体重 15万t
ワイルド星人が乗ってきた円盤で、円盤型から竜型に変形する。

ひし美　スチール撮りで行ってた。みんなが馬に乗って、草競馬みたいなことやって遊んでたのを覚えてる。出番がなくて楽で楽しかったな（笑）。私の次に楽だったのは、死んでて出番が少ないダンじゃない？

森次　いや、僕は家が遠いからさ。朝早く美セン（東京美術センター）集合で、ロケバスで出発というのは同じだからあんまりね。映像は西部劇っぽいね。ポニーが出てきたり、どこから持ってきたんだろうってサボテンが立ってたり（笑）。

ひし美　照明の親方の新井盛さんが牧場のシーンに出演してるの。『セブン』の現場は役者が自分でメイクするんだけど、まだ慣れなくて四苦八苦してた頃に、お疲れさまでしたって挨拶したら「なんだ。メイクを落としたらキレイなんだな」って言われたの。セブンの現場は面白い人が多かったな（笑）。

森次　命の大切さがテーマの感動的な回だよ。ダンはアマギ隊員に命を救われて、「命の恩人です、ありがとう！」って礼を言う。これは最終回に繋がるんだよね。

宇宙ステーションV３がアイロス星人の円盤に襲撃され、地球への侵入を許してしまう。さらにフルハシ、アマギ隊員も敵に捕まってしまい、地球防衛軍はピンチに。（12話は欠番）

V3から来《き》た男《おとこ》 13

放送第13話 制作No.13　1967年12月24日放送
脚本：市川森一　監督：鈴木俊継　特殊技術：高野宏一
視聴率：31.6%

ダブル隊長の熱い友情ドラマ

森次　宇宙ステーションV３を指揮するクラタ隊長が初登場する。

ひし美　クラタ隊長の南廣さんは、素顔はお茶目だったりギャップがあるの。彼がお寿司をごちそうして下さるってことで何人かで行ったんだけど、途中で「あっ！　昨日入れた７万円の金歯が取れた！　どこ行った！」って大騒ぎ。いい人だったのよ（笑）。

森次　いい人だったね。隊長の中山さんと南さんは仲良く楽しそうにやってたな。南さんは東映の俳優らしい荒々しさと男くささがあって、『セブン』レギュラーとは毛色が違うキャラクターが良かった。だからキリヤマ隊長とクラタ隊長の友情のドラマもいいよ。

ひし美　隊長がメインの回ってのもポイントね。『ウルトラマン』は小林昭二さんが隊長だったけど、ここまで隊長の内面に迫った話ってなかったんだってね。

森次　『セブン』が大人っぽいのは、年長のキャラクターが目立つ回があるからだ

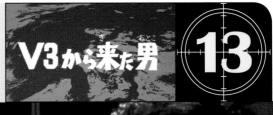

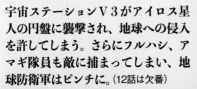

セブンの強力な光線技ワイドショットは今回が初使用。アイロス星人を一撃で倒した。

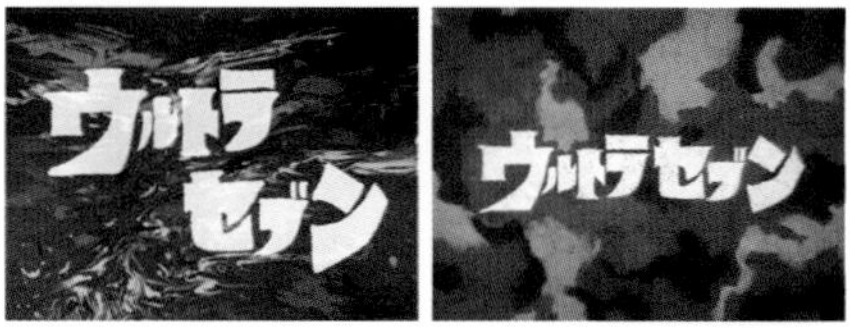

今回までは右のオープニング。14話より左に新調された。

撮影準備中のウルトラホーク1号コクピット。スイッチや計器は細かく作られているが「狭いんだよね（笑）」（森次）

クラタ隊長を好演した南廣。ニックネームは“サウス”。円谷プロ作品は『マイティジャック』などに出演。1989年没。

ALIEN

宇宙鳥人 アイロス星人

身 長 ミクロ〜30m
体 重 0〜1万3千t

口から破壊光弾を発射し、体を回転させてアイスラッガーを跳ね返した。

クラタのホーク1号とキリヤマのホーク3号が息の合ったアクロバット攻撃。「クラタ、いい腕だ。まだまだ捨てたもんじゃないな」「いやあ、お前こそ」

ろうな。隊長は撮影所の外でもリーダーで、よく食事に誘ってくれたな。

ひし美 覚えてる？ 最初の頃、レギュラーの距離を縮めようと、隊長がどじょう屋に連れて行ってくれたこと。

森次 食通だったからね。でも僕はどじょうに慣れてなくて困ったね（笑）。

ひし美 この回はアンヌの出番ナシ！ 男の話だからお呼びじゃなかったのね。

森次 戦いも見応えがあって本編は爆発が多いし、特撮もウルトラホークと宇宙船の空中戦がすごい。思い出すなあ、ホークのコクピット。狭いんだよね（笑）。

ひし美 コクピットはぜんぜん立派じゃなかったわね（笑）。スタジオの片隅に木の板むき出しで作って置いてあって。

森次 閉じ込められて息苦しいし、空の上だからライトが明るくて暑いんだよな。

ひし美 雲の雰囲気で白いスモークをホワ〜ンと出してね。「それ右旋回！」「左旋回！」って助監督さんの掛け声で、みんなで体を左右に傾けて、カメラも傾けたり揺らして。でも迫力あるシーンに見えちゃう。スタッフの工夫のたまものね。

神戸で開かれる地球防衛会議を阻止しようと、ペダン星人は巨大ロボット・キングジョーで襲撃する。ダンは誤解を解き、話し合いでの和平を図るが…。

ウルトラ警備隊西《けいびたいにし》へ 前編

14 15

ロケって言われてうれしくて、おしゃれして行かなきゃって。（ひし美）

007はコネリー、ウルトラセブンは森次だよね（笑）。（森次）

放送第14話、15話 制作No.17、18　1968年1月7日、14日放送
脚本：金城哲夫　監督：満田稔　特殊技術：高野宏一
視聴率：前編28.5%、後編31.1%

思い出いっぱいの「西へ」ロケ

ひし美　神戸と芦屋のロケは、満田監督が「夜はスケジュールを空けるよ」って言っていたわね。夜のロケがあると宴会ができずに飲めないからって（笑）。

森次　ところが神戸の旅館は門限が夜10時とか早くて、出かけられないんだよな。出かける人はこっそり鍵を開けておいたり、いろいろ工夫して出かけていたね。

ひし美　そういえば満田監督とキリヤマ隊長が、出かけない人のためにお酒と料理を用意してくれていたわ。隊長なんて、わざわざ京都まで足を運んで、選りすぐりの美味しいものをみんなに振舞ってくれたのよ。

森次　本当に食通だよな。僕はひとりでバーか何かへ出かけたと思う。神戸を探索に。

ひし美　女性のいるお店へ？

森次　それはないと思う（笑）。

ひし美　古谷ちゃんはマムシさんと出かけたって言ってた。

森次　マムシさんは気前がよくてごちそ

宇宙ロボット
キングジョー

身長 55m
体重 4万8千 t

4つの宇宙船が合体して誕生するペダン星人のロボット。凄まじいパワーを持つ。

策略星人 ペダン星人

身長 2m
体重 50kg

地球防衛軍の観測用ロケットを侵略兵器と考え、キングジョーで報復を行った。

通称「アンヌ坂」のシーン。「自分じゃサングラスってかけなかった。小道具だったんでしょうね。帽子は自前です」(ひし美)。後ろの建物「ホテル神戸六甲ハウス」は解体され、現在は教会施設「ザビエルハウス」。

この前後編だけ、ダンは左手を上げて変身する。これは前編の変身が超ロングショットで、ウルトラアイを着眼したのがわからないため、いつもと違うアクションを足したと満田監督は述懐している。

土田博士役の土屋嘉男(左端)をはじめ、ゲストが勢ぞろい。諜報員マービン・ウェップ(右端)を演じたテリー・ファンソワーズは出身地のカナダに健在。吹き替えは『ルパン三世』の山田康雄が務めた。

キャスト総出のクライマックス。なおロケの宿は、現在の神戸市中央区にあった「ホテル神戸」。広大な敷地の和式観光旅館だった。

セブン聖地
六甲山防衛センター

地球防衛軍の「六甲山防衛センター」として登場するのは、「国立京都国際会館」。ミニチュアセットも作られた。増築はされたが現存している。なお、アップになり俳優が演技するシーンは芦屋市庁舎で撮影。

うしてくれるから、アチも古谷ちゃんもよくついて行ってたよな(笑)。

ひし美　楽しいロケだったし、行く前からワクワクしてた。アンヌが黒い高級車に乗ってサングラスを下げて「異常なし」って言うシーンのロケ場所が〝アンヌ坂〟と呼ばれて、阪急電車の観光ガイドにも載っているのよ。そこで着ている濃いオレンジのワンピースは、「明日からロケだ」って嬉しくて、成城学園前駅の斜め前に出来たブティックで買った。7800円で高かったけど、「ちょっとおしゃれして行かなきゃ」って買って、それが画面に出たわけ。ダンも自前のスーツで出てるわね。

森次　やはりスーツは似合うのを着たいからね。この回はスパイものっぽいからビシッと決めたいし。007はコネリー、ウルトラセブンは森次だよね(笑)。

ひし美　キリヤマ隊長もスーツで出たときは自前だったな。私は奮発して買ったのよ。明日から遠足に行くみたいで気分がウキウキして(笑)。

ウルトラ警備隊芦屋へ

ロケに駆けつけた子供たちが撮ったダンとアンヌと『ウルトラセブン』のスターたち。

写真提供：伊藤裕子、伊藤永次
協力：長谷基弘、芦屋市商工会

「リンダさんは上智大学の留学生でした。ずっと消息を捜していましたが、残念ながら39歳の若さで帰らぬ人になっていました。英語教師をされていたそうです」(ひし美)

チビッ子カメラマンに、優しいまなざしで手を振るダン。

目の前でアンヌがサイン…少年のドキドキが伝わってくる。バス車内にダン。

森次　ロケには土屋嘉男さんも来てたな。東宝の役者さんの中では個性的な感じがする人だった。宝田明さんとか、東宝の正統な二枚目からは、土屋さんはちょっと離れてるんだね。

ひし美　土屋さんはフラメンコの話をしていたな。新宿でフラメンコダンサーがいるいいバーがあって、とか仰ってた。

森次　リンダ・ハーディスティーさんも素敵な方で、芝居も上手かったね。

ひし美　ずっとリンダさんの消息を探っていたんだけど、2015年になって、既に亡くなってたと判明したの。1986年に39歳の若さで病没されててね。ショックだったな。

森次　残念だな。あとで上智大学の留学生だと知ったけど、女優さんと遜色なかった。

ひし美　ダンはリンダさんが演じたペダン星人と話し合うんだけど、結局騙されてしまうのね。美女に本当に弱い(笑)。

森次　セリフで「まず相手を信じることです」ってね。何回騙されても信じる。美女に限らず、人を疑うダンなんてダン

写真を撮った伊藤裕子さん（当時9歳）の話。「最初、芦屋市役所の前にウルトラ警備隊がいて、その後、芦屋教会の前に移動したのでみんなで追いかけました。ロケバスは教会の前に止まっていました。なぜロケ隊が来るのを知ったんでしょうね。カメラまで用意して行ってるのに、全然覚えていないんです。毒蝮さんと写っているのが私です」

変装している設定のアンヌ。しかし子供たちの目はごまかせない。

バスの窓下に子供たちが群がる。サイン攻めにも澄まし顔のダン。

「土屋嘉男さんは好きなフラメンコの話をされてました」（ひし美）

長身のアマギ。ウルトラマンと知ってのサインおねだりか？

え、食事中に？　射撃の名手ソガも小さなスナイパーに脱帽。

女の子とツーショットのフルハシ。白手袋をウエストに挟んでいる。

じゃないんだよ。

ひし美　最後は神戸港での戦いね。ポートタワーの中からエキストラが逃げていくシーンがあったのは覚えている。

森次　このころのポートタワーは神戸でも高い建物で、今よりもっと目立つ名所だったんだ。

ひし美　出番がなくて時間があったけど、ポートタワーには面倒くさくて登らなかった（笑）。

森次　最後の戦いはウルトラ警備隊の全員がセブンと一緒に戦うね。せっかく関西に全員で行くから「最後はみんなで力を合わせて戦おう」と、監督や脚本家も考えたんだな。

ひし美　芦屋では「市役所の屋根のあっち見てください」って。そっちでセブンがキングジョーと戦っているつもりの芝居で、それでアーとかワーとやっていたの（笑）。

森次　キングジョーはやっぱりロボットで怪獣ではないから、珍しかったよね。飛んできて合体してロボットになるのは、当時から面白い発想だと思ったよ。

謎の帰還を果たした宇宙局の無人観測ロケット・サクラ9号が、ダンたちの目の前で突如爆発する。同じ頃、ヒロシ少年は地獄山で不思議な石を拾う。

闇《やみ》に光《ひか》る目《め》 16

緑色の大きな目が光るのが印象的な話だよ。（森次）

けっこう寒い時期に遅くまで撮ってる。（ひし美）

放送第16話 制作№14　1968年1月21日放送
脚本：藤川桂介　監督：鈴木俊継　特殊技術：高野宏一
視聴率：30.8%

スモークの撮影は風まかせ

森次　岩がパカッと開いて、緑色の大きな目が光るのが印象的な話だよ。目が体と一緒になると暴れ出す。『セブン』らしいユニークで不思議な宇宙人だよね。

ひし美　子役はぷっくりしたかわいい子で演技も達者だったな。稲吉千春くん。

森次　彼が謎の声に「強い子にしてやる」と言われて変わった石を抱えて、地獄山って火山の火口に行くんだ。

ひし美　ダンとアンヌとアマギが、山の中を捜索隊と一生懸命に探しまわるのね。

森次　火山の硫黄の煙が漂ってて、黄色いスモークを焚いた中で芝居してるけど、この撮影はけっこう難しい。スモークは風で流れちゃうとNGになるので、風向きやタイミングの見極めがたいへんなんだ。「今だ！　本番行こう！」なんてね。

ひし美　ああ、よく『セブン』でスモークを焚いて撮ったのを思い出した！　助監督やスタッフが発煙筒みたいのを持って走り回って。

森次　煙くて困っちゃうしさ（笑）。

岩石宇宙人
アンノン

身長 30m
体重 15万t
出身地　頭脳だけの宇宙人で、岩を体にして活動する。本来は平和を望んでいる。

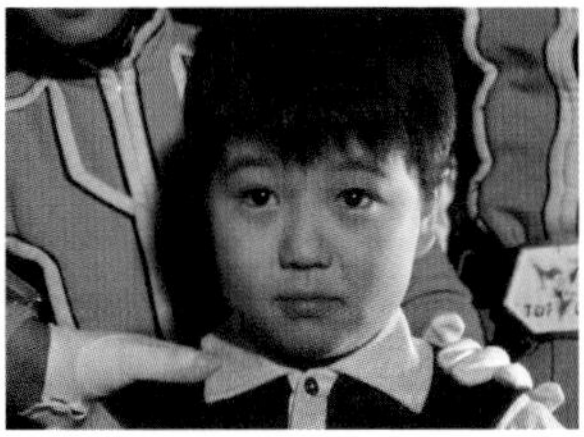

ヒロシ役の稲吉千春。古代怪獣ゴモラが大暴れする『ウルトラマン』の前後編「怪獣殿下」でも有名。

もうもうたる煙。「スモークのロケ撮影は風待ちで大変だよ」（森次）

緑色に光る目。岩や暗闇など、どこにでも現れる。

ヨシダ隊員は岩本弘司。「懐かしい東宝の先輩。『天下の青年』の殺陣師や草野球の監督もやっていたの」（ひし美）

ウエノ隊員役の勝部義夫は『セブン』でおなじみの顔。防衛隊員や通信員など、様々な役で登場する。

ひし美　制作の高山篤さんが「火薬や煙を使うときは、子供たちが見学に来ないよう気を遣った。やけどなんかしたらアウトだ。円谷プロが吹っ飛んじゃう」って言ってたわ。

森次　そっちの苦労もあるな。

ひし美　岩に光る目が出るのは合成？

森次　これは光る目の仕掛けを現場に置いたのかもしれないな。

ひし美　撮影日誌を見ると、ロケ地は埼玉の長瀞で、日程は10月26日。けっこう寒い時期に遅くまで撮ってる。終了は22時30分だって。泊りはなかったのね。

森次　前回の「ウルトラ警備隊西へ」に続いて、宇宙ロケット打ち上げが題材の話だよ。『セブン』の放送時期は、NASAのアポロ計画の真っ最中で、人間が月にいつ行くかで世の中が盛り上がっていたなあ。

ひし美　だから『セブン』は宇宙人を出して、時代を先取りしてたのね。

森次　それはあるよね。アポロ月着陸の中継は、「とうとうか、やったか」と思いながら見たよ。まあ僕は『セブン』で先に月にも太陽にも行ってたけどね（笑）。

一人の青年が落盤事故で地底に生き埋めになり、マグマライザーが出動する。しかしその前に現れたのは、恐るべき地下都市だった。ダンはこの都市に囚われてしまう。

地底《ちてい》GO! GO! GO!

17

なんといっても宴会が楽しかったな（笑）。（ひし美）
薩摩次郎はとても気に入ってるんだ。（森次）

放送第17話 制作№16　1968年1月28日放送
脚本：上原正三　監督：円谷一　特殊技術：大木淳
視聴率：31.6%

森次の熱演が光る名エピソード

森次　ウルトラセブン誕生の秘密がわかる重要なお話だよ。

ひし美　ダンの二役が有名よね。どっちも熱演だし。

森次　炭鉱夫の薩摩次郎は、衣装や顔の汚しがリアルだろう？　これは自分でやったんだよ。こういう役柄を作れる芝居は楽しいね。時代劇の浪人でも同じで、衣装を汚したり破ったり、工夫して役作りするのが楽しいんだよ。

ひし美　ユートムってロボットも熱演！倒れるとき、顔から倒れるのが痛そうだったな。ウルトラマンを演じた古谷ちゃんも「あれは痛いよ」って言ってた。ゴジラ俳優で有名な中島春雄さんがやってるのよね。

森次　僕は中島さんと面識がないと思っていたんだけど、ご一緒していたんだな。特撮の見どころは、初登場の地底戦車のマグマライザーだな。マグマライザーはコクピットのセットがよく出来ていたよ。ウルトラホークのセットより造作がしっ

ウルトラセブンが地球で初めて出会った人間が薩摩次郎だった。勇気ある次郎の姿と心をモデルにモロボシ・ダンが誕生した。「最初に会うのが悪人でなくてよかったよな（笑）」（森次）

初登場の地底戦車マグマライザー。ウルトラホーク3号で目的地へ輸送され、地中を時速25㎞で突き進む。今回を含め5回登場した。

MONSTER

地底ロボット ユートム

身長 2.8m
体重 2t

謎の地底都市を警備しているロボット。右手は光線銃、左手はハンマーになっている。

（右）落盤事故が起こり、次郎はネズミのチュウ吉を救おうとして地底に生き埋めに。（左）社長役の松本染升。

ダンは拘束されウルトラアイを奪われた。しかしバックルのボタンを押すとウルトラアイが飛んできて変身！「よくウルトラアイは盗られるけど、なんでいつもこれを使わないんだろうな（笑）」（森次）。台本ではバックルに仕込まれた針金でウルトラアイを取り戻す展開になっている。

かりしていたな。

ひし美 ダンはセブンと薩摩次郎の秘密を前から聞いてたの？

森次 いや、詳しくはこの回の台本で知った。薩摩次郎はいいキャラクターだよな。僕はとても気に入ってるんだ。ダンと顔が同じでも誰も何も言わないのは不思議だけど（笑）。

ひし美 それが空想特撮シリーズよ！普通じゃ考えられないことが起こるのが、ウルトラだからいいんじゃないの。監督の円谷一さんは、大らかで夢のある人だったからね。私はこの話は、なんといっても宴会が楽しかったな（笑）。

森次 ロケ先の日立炭鉱近くで泊ったな。

ひし美 みんな盛り上がって、輪になって歌って踊ってね。男性陣はTシャツをビリビリ破り始めて、けっこう寒い時期なのに、上半身裸になっちゃって（笑）。それから即席でバーカウンターを作って、ダンとソガがオネエになって大盛り上がりよ。炭鉱会社の社長役の松本染升さんが、ダンとソガのオネエを見ながら嬉しそうに飲んでた（笑）。

ウルトラ警備隊の降下訓練中にアマギ、ソガが行方不明に。二人は謎の森の中に不時着していた。実はそこはベル星人の作った疑似空間だったのだ。

空間《くうかん》X脱出《だっしゅつ》 18

ダイビングの撮影がおかしかったのよ。（ひし美）
パラシュートの装備は本格的だったよ。（森次）

放送第18話 制作No.15　1968年2月4日放送
脚本：金城哲夫　監督：円谷一　特殊技術：大木淳
視聴率：28.8%

異次元の森から脱出せよ！

森次　ウルトラ警備隊のスカイダイビング訓練で、ソガとアマギが謎の空間に迷い込んでしまうんだ。スクリーンを使ったダイビングのシーンが、当時としちゃ、なかなかのもんだよ。

ひし美　あのダイビングの撮影がおかしかったのよ。飛行機からスタジオの床まで高さがなくて、「跳んだらしゃがんで」って言われてたの。立ってると頭が写るからね。ところがマムシさんが何を思ったか、跳んだら立ってヒョコヒョコ歩いてて（笑）。

森次　ハハハ、NGになったんだっけ？（笑）。

ひし美　監督の円谷一さんたちが相談して、頭が写ったとこだけカットして使ったのよ。でもおかしかった〜（笑）。

森次　まあでも、さすがは円谷一監督だ。パラシュートの装備は本格的だったよ。

ひし美　うん、本格的だった。地面に降りたところは砧緑地で撮ったじゃない。それはパラシュートの指導の人が来てて、「こう紐を手繰って」「こう畳んで」とか教

ALIEN&
MONSTER

音波怪人 **ベル星人**

身長 60m
体重 1万8千t

疑似空間を作り出し、そこに入り込んだ人間を襲う。人間の脳波を惑わす音波を出す。

宇宙蜘蛛 **グモンガ**

身長 3m
体重 20kg

ベル星人が作った疑似空間に住む。鼻から緑色の毒ガスを出す。

グモンガの襲撃シーンは東京都府中市の雑木林でロケ。子供たちのギャラリーがギッシリ。

池にスモークや塗料を入れて毒々しい沼を撮影。「今見ると環境破壊だね(笑)」(森次)

パラシュートの着地シーンは砧緑地公園ロケ。制作の高山篤が自衛隊で借りたパラシュートでリアルなシーンが撮影されている。

行方不明のソガとアマギ探索にダンとアンヌも懸命。

えられたのを覚えてる。撮影日誌を見ると、あれは自衛隊の人だったのよ。

森次　本職を呼んでたのか。そういうこだわりで『セブン』は見ごたえがあるんだよな。それにこのときは本編にも怪獣が出たじゃない。グモンガね。あれはロケ現場で、ピアノ線で動かしてさ。わざわざ操演チームが来たんだよね。

ひし美　グモンガはスタッフが呼吸を合わせてピアノ線を引っ張って動かしてた。緑色の粉がブワーッと出る仕掛けがあって凄かったな。それと、林の中で木や葉っぱを毒々しい色にスプレーで塗って、不思議な世界に見せて。

森次　今じゃ環境破壊ってお叱りを受けて炎上だよ(笑)。ラストは謎の空間から脱出するんだけど、「ダンがいない！　間に合わないから置いていく」ってことになるんだよ。それでアンヌが心配する。

ひし美　アンヌは優しいからね。ダンが好きだからとかじゃなくて、他の隊員でも同じことを言ってると思うな。

森次　地球を守るウルトラ警備隊の仕事は命がけってことだな。

宇宙の帝王バド星人は地球人の絶滅を企図していたが、その計画を阻むのが地球防御バリアシステム「プロジェクト・ブルー」だった。その中心人物である宮部博士が狙われる。

プロジェクト・ブルー

19

セブン役の上西弘次さんとは、二人で一人って意識があった。（森次）
ラストは楽しいわね。『全部ウルトラセブンのお手柄です』。（ひし美）

放送第19話 製作No.19　1968年2月11日放送
脚本：南川龍　監督：野長瀬三摩地　特殊技術：的場徹
視聴率：30.6%

人間サイズのセブンが活躍

森次　地球を守るプロジェクト・ブルーというバリアを発明した宮部博士の家が舞台の話だよ。河口湖畔の邸宅を借りてのロケだ。

ひし美　宮部博士の野村明司さんは東宝の先輩で、私が主役の映画『鏡の中の野心』には、ちょっとエッチな役で出てらしたの（笑）。

森次　東宝の役者さんは層が厚くて、ドラマが引き締まったよ。

ひし美　この回はロケの邸宅にセブン役の上西弘次さんも来てたはずよね。私とセブンの絡みが多いから。

森次　そうだね。上西さんの部屋には、飲んだあとに泊まったことがあったな。

ひし美　覚えてる！「昨日、終電がなくなって、上西さんの部屋に泊まったんだ」ってダンが言ってる日があった。

森次　ウチは遠かったから、うっかりすると、そんなことになっちゃうんだよな（笑）。しかし上西さんとの親交は大事だったよ。だって僕も上西さんも同じセ

宇宙帝王 バド星人

身 長 2～40m

体 重 80kg ～5千t

宮部博士が発明した地球を守るバリア計画「プロジェクト・ブルー」を狙ってきた。

宮部博士の妻グレイスはリンダ・マルソン。博士とのラブラブさと恐怖に怯える演技が印象的だった。

宮部博士役は野村明司。別名は野村浩三など。映画『大怪獣バラン』などの出演作がある。

「全部ウルトラセブンのお手柄です」「こいつう！」ラストはカーテンが引かれて和やかに終わる。

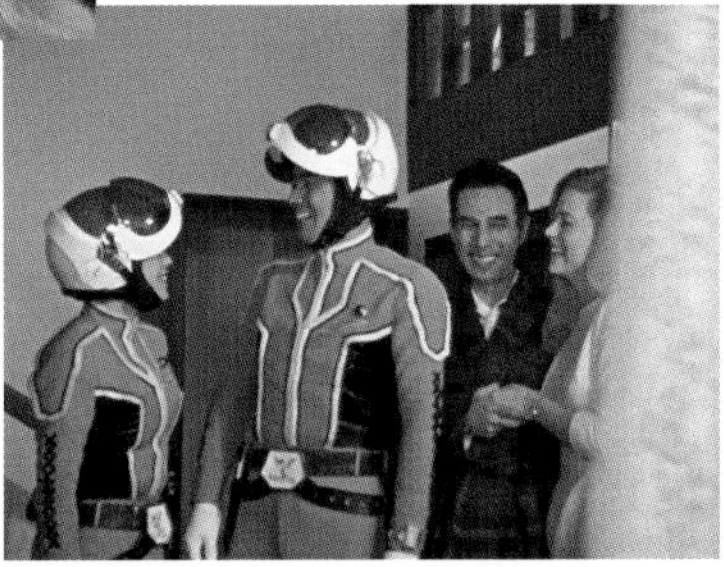

鏡の中に入ったセブンをアンヌは追うが入れない。幻想と怪奇のムードが漂うエピソード。

「セブンが鏡の中に入っていくシーンは映画『オルフェ』がヒントじゃないかしら」(ひし美)

ブンという人格を演じてるわけだからさ。二人で一人なんだって意識があった。上西さんは下北沢の風呂無しアパートで、独り暮らし。真面目な人だったよな。

ひし美　そこはほら、古谷ちゃんがウルトラマンに入って話題になって、スターの仲間入りをしてセブンに素顔でレギュラーで出たじゃない。「俺も続くぞ！」って野心もあってがんばってたのよ。

森次　へえ、僕は気づかなかったな。

ひし美　それと上西さんといえば、歌自慢ね。ロケで泊まりなんかあると、宴会場でずっといいノドを聞かせて、ロケのスターだったな（笑）。

森次　アンヌの歌は聴いたことがないな。

ひし美　私は下手だから歌わないの！（笑）。ラストは楽しいわね。「全部ウルトラセブンのお手柄です」。

森次　「こいつぅ」でなぜかカーテンが閉まる。野長瀬監督のシャレた幕引きだね。

ひし美　助監督さんが閉めてるのよね。

森次　そう、基地の自動ドアが動くのも、勝手にカーテンが閉まるのも、全部、助監督のお手柄だよ（笑）。

青沢山岳地帯で謎の地震が多発する。何者かが地球の核にあるウルトニウムを掘り出していたのだ。ウルトラ警備隊はマグマライザーで地底調査に乗り出すが…。

20 地震源《じしんげん》Xを倒《たお》せ

放送第20話 製作No.20 1968年2月18日放送
脚本：若槻文三 監督：野長瀬三摩地 特殊技術：的場徹
視聴率：28.7%

アンヌと私は何でも正反対なの。（ひし美）

怖い役をやる方ほど素顔は紳士だよ。（森次）

ダンが憧れのスターと共演

森次 イワムラ博士役の吉田義夫さんは憧れのスターだよ。僕のヒーローだった『鞍馬天狗』とか、吉田さんが悪役の時代劇映画で育ったんだから。当時4円99銭の映画館でいつも見てた。

ひし美 4円99銭⁉ 私は銭なんて単位は知ってても使ったことない。ダンは戦時中の生まれ、私は戦後の生まれ。歳も4つ違うから、暮らしも、見て育った映画も違うのね（笑）。

森次 年寄り扱いするなよ（笑）。

ひし美 吉田さんは時代劇でよく見る方だったわね。

森次 うん、山賊とか、家老とか、ギョロ目の悪役が大迫力で怖かったなあ。

ひし美 博士役は珍しいのかしら。

森次 幅広い役で味がある名優だから博士もできたんだよ。子供のころから見てる方と共演できるのは感激だね。

ひし美 イワムラ博士は雷親父みたいな怖い人で吉田さんにぴったりね。

森次 怖い役をやる方ほど素顔は紳士だ

ALIEN&
MONSTER

核怪獣 ギラドラス

身長 65m

体重 16万t

ウルトニウム鉱石を食べ、体内に蓄積していた。天候をコントロールする能力を持つ。

暗黒星人 シャプレー星人

身長 1.7m

体重 60kg

地球の核物質ウルトニウムを狙ってやってきた。

ダンも怖がるイワムラ博士役の吉田義夫は『悪魔くん』のメフィスト役でも有名。元々は美術家で、自分でメイクを工夫した役作りが得意だった。

「博士がアンヌのお尻に触ってる」(ひし美)と言われるシーン。

吹雪の中でギラドラスに圧倒されるセブンは「ウルトラセブン立つのよ！」というアンヌの応援で形勢逆転！

榊助手役の北原隆は、シャプレー星人の声もハイテンションな大熱演。キリヤマ隊長役の中山昭二と親しかったという。

『ウルトラセブン』はハワイでも放送された。英語版主題歌レコードのジャケットはギラドラスが登場。歌は子門真人。

よ。吉田さんご本人は静かで優しい先輩だったな。

ひし美　怖いイワムラ博士にダンがブルっちゃって、逆にアンヌは平気っていう違いが面白いわね。

森次　まあなんとなく二人は合ってるんだろうな（笑）。

ひし美　私は怖い人は超苦手。アンヌと私は何でも正反対なの。イワムラ博士がアンヌの影に隠れてるシーンは、お尻に触ってるなんて言われるのよね（笑）。

森次　たまたまだろう。ガンコな博士もアンヌには頼りがいを感じたんじゃないの（笑）。博士の助手の榊役の北原隆さんは端正な二枚目だね。

ひし美　本で見た話だとお孫さんと『セブン』をご覧になってるみたいよ（笑）。女子大生役で、東宝の若山真樹ちゃんが出てるの。『セブン』に三度も出た常連で、東宝芸能学校出身だから、お芝居がしっかりしてるのよ。

森次　作戦室で一般隊員をよくやられていた勝部義夫さんとか、東宝の俳優さんには助けられたよ。

21 海底《かいてい》基地《きち》を追《お》え

船舶が消失する事件が世界中で発生。警備隊は潜航艇ハイドランジャーで海洋の調査にあたる。そんな中、下田沖に戦艦大和が現れたとの通報が届いた。

特撮班が本編も撮ったのよ。（ひし美）

忙しくて富士山を眺める余裕は全然なかったよ。（森次）

放送第21話 制作No.21　1968年2月25日放送
脚本：赤井鬼介　監督：鈴木俊継　特殊技術：大木淳
視聴率：28.6％

アンヌ父娘の再会!?

ひし美　今回と次回の「人間牧場」の２本だけは、特撮班が本編も撮ったのよ。

森次　そんなことがあったっけ？　僕は知らなかったよ。

ひし美　特撮班カメラマンの鈴木清ちゃんが、よく自分たちが撮ったって話してる。でもこれはどんなお話だっけ？

森次　アイアンロックスという戦艦大和を改造したロボットが出現して、ウルトラ警備隊とセブンが戦うんだよ。敵キャラクターの中でも異色だね。

ひし美　戦艦大和ってなんだっけ？

森次　それも知らないの？　戦争のことには疎いんだなあ（笑）。戦艦大和は太平洋戦争で海軍が持っていた、日本でも一番すごい戦艦だったんだよ。

ひし美　恥ずかしながら知りませんでした（笑）。でも軍歌はいっぱい歌えるのよ。いろんな軍歌を飲み屋で歌って、よくおじさんたちに喜ばれたの（笑）。

森次　アンヌは妙なところでオヤジノリだよな（笑）。

クライマックスのアイアンロックス撃沈。夜の海に巨大な炎が上がる特撮の見せ場。

セブン聖地　富士山の見えるハイウェイ

美しい富士が見られるハイウェイ越しの絶景は、今も大きな変化はない。

アイアンロックスの激烈な火砲にウルトラ警備隊は空と陸から応戦する。アンヌもソガとポインターで大奮闘！
しかし、ダンのホーク3号が撃墜されて「ダーン‼」

MONSTER

軍艦ロボット
アイアンロックス

身長　80m
体重　15万t

沈んでいた戦艦などを使い、ミミー星人が作り出した。活動停止15分後に爆発する。

ひし美　冒頭に船長役で柳谷寛さんが出てるじゃない？　柳谷さんは『天下の青年』で私のお父さん役だったの。

森次　『天下の青年』で？

ひし美　そう、私は下宿屋の娘役だったのよ。その家は車屋をやっていて、主人役が柳谷寛さんだったの。ダンは共演がなかったんじゃない？

森次　そうだろうね。僕は田代という生徒役だったからね。すると、この回は、アンヌと柳谷さんは父娘の再会だったんだな。

ひし美　そうなんだけど「海底基地を追え」では柳谷寛さんと私が一緒のシーンはないの。だから出来た作品を見て、「あ、お父さん」って初めて気づいてね（笑）。

森次　見直すと、ポインターの走るシーンなど富士山がきれいだな。

ひし美　富士や箱根方面のロケは多かったわよね。

森次　多かった。でも『セブン』の一年間は、忙しくて富士山を眺める余裕は全然なかった。50年以上たって最新の高画質で、今からいい景色を楽しむよ（笑）。

ブラコ星人の赤い胞子状の物体を植えつけられたアンヌ隊員と友人のルリ子は、意識不明に陥ってしまう。放射線アルファ73がなければ二人は元に戻ることが出来ないが…。

人間牧場《にんげんぼくじょう》 22

ダンが土星の絵を
描いているところで
終わるのよね。(ひし美)
予測不能で
宇宙人っぽいよな(笑)。
(森次)

放送第22話 制作No.22　1968年3月3日放送
脚本:山浦弘靖　監督:鈴木俊継　特殊技術:大木淳
視聴率:27.5%

セブンよアンヌを救え!

森次　前回と今回を特撮班が撮ったのは、なぜだったんだろうね。

ひし美　特撮班はスタジオに缶詰めだし徹夜続きでうっぷんが溜まって、「たまには俺たちもロケに出せ!」ってことだったらしいわよ。

森次　なるほど、20話もやるとストレスの限界ってことか。

ひし美　ファンの人に「この回のアンヌはキレイですね」って言われることがあって、撮影の鈴木清ちゃんに言うと、「そりゃ俺が撮ったんだもん」って(笑)。

森次　確かにラメのワンピースを着てたり、いつもと違うアンヌだよな。

ひし美　最初のパーティーのところは、スタッフも出てる。小道具のみどりちゃんとかね。

森次　みどりちゃんは男なんだよな。でも苗字が畠山だから、みどり。今の人にわかるかね!(笑)

ひし美　特撮班の照明の小林哲也さんが私の憧れで「女は23歳が一番いい」ってこ

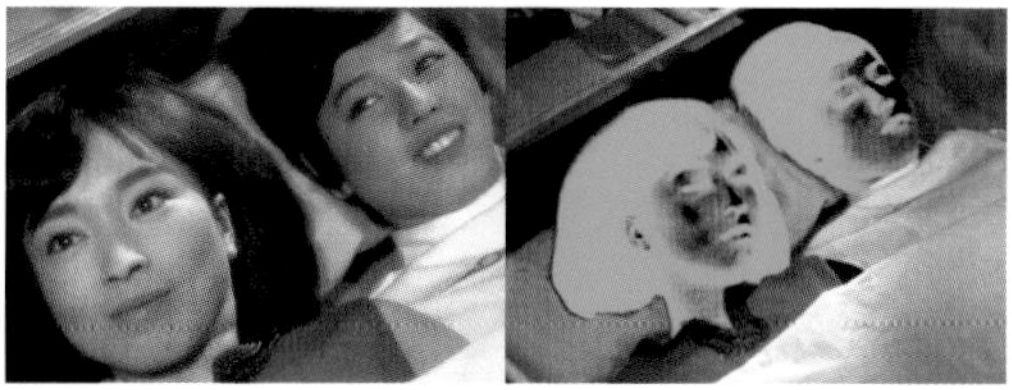

胞子に侵された女性は意識を失い、緑色に変異してしまう。「治って目を覚ますところは、“そーっとゆっくり少しずつ目を開けて”って言われたんだけど、不器用な私はブルブルしちゃって無理で、普通にパッチリ開くので許してもらいました。ルリ子役の島つかささんは明るい方で、現場で楽しくお喋りしたのを覚えています」(ひし美)

「パーティーのところはスタッフが出てるの。黄色いシャツが編集の柳川義博さん。右端の背中向きでギターを弾いてるのは、仲良しだった小道具のみどりちゃん(畠山勝信)」(ひし美)

ALIEN

宇宙怪人 **ブラコ星人**

身長 2m
体重 170kg

人間に胞子を植え付け栽培するために地球にやってきた。腕は普段は体内に隠されている。

特撮班の鈴木清カメラマンがドラマ部分も撮影した。アンヌのアップは紗が掛けられてソフトな画調になっている。セピア色の画面や、ルリ子が大量のシャボン玉に囲まれるなど、凝った画作りが見どころ。

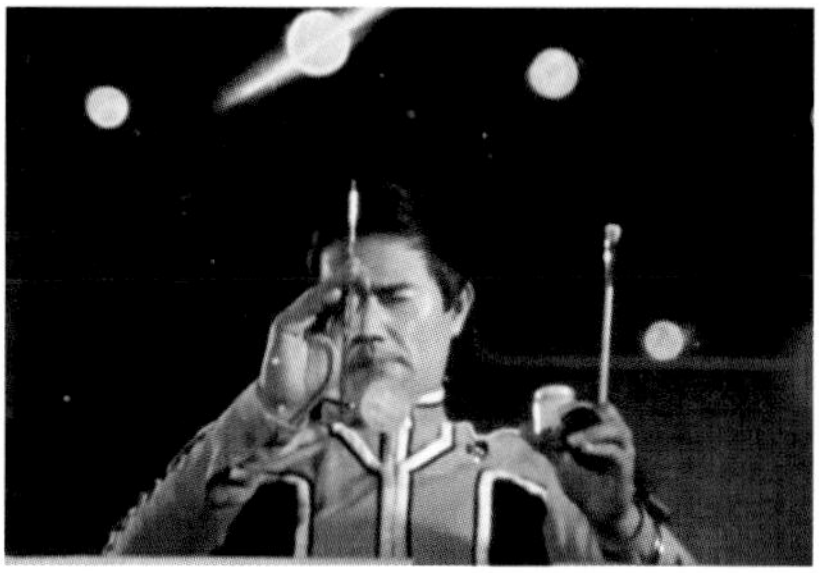

ラストカットのダン画伯。「フフフ、面白いね。自分じゃ忘れたけど、こういう意外なダンのシーンは、『ウルトラセブン』全体としても良かったんじゃないかな。絵は昔から好きだけど、描きたいと自分で言ったわけじゃないと思うよ」(森次)

の回の現場で言ってて、「私も早く23になりたいな、それで小林さんの前に出るんだ！」って思ってたの（笑）。

森次　ウブだなあ！（笑）

ひし美　ブラコ星人ってすごく苦手。触覚が下のほうでピクピクするのが、とても気味が悪かった……。

森次　ダンはこいつと取っ組み合いしてるんだぜ。こういう時は気を遣うよ。演じてる人が疲れないように、NGを出さずに早く終わらせたいからね。

ひし美　セブンはアンヌたちを救うため土星に行くのね。そして、ダンが土星の絵を描いているところで終わる。

森次　面白いよなあ。演じたのは覚えてないけど。

ひし美　えーっ忘れたの？　作戦室のセットでダンはノリノリでやってたわよ。自分のアイデアで筆をナメたりして、画伯ぶりが堂に入ってて、よく覚えてる。

森次　忙しいから忘れちゃうんだよ。でも悩んだり、厳しい表情のダンだけじゃなく、こういうフッと抜けた姿があったほうが、予測不能で宇宙人っぽいよな（笑）。

03《マルサン》倉庫の爆発を予知した占い師の安井が、宇宙人に狙われているとウルトラ警備隊に助けを求めに来る。キリヤマ体長は休暇を取って一人で調査を始めた。

明日《あした》を捜《さが》せ　23

隊長とダンの絆が描かれるのがいいな。（森次）
木田三千雄さんに会えて嬉しかったな。（ひし美）

放送第23話 制作No.23　1968年3月10日放送
脚本：南川龍、上原正三　監督：野長瀬三摩地　特殊技術：的場徹
視聴率：30.6%

隊長は背中で語る

森次　ウルトラ警備隊が、宇宙人に狙われて怯える占い師の予言に振り回されるんだけど、隊長は彼を信じて守ろうとする。ヒューマニズムあふれるいい話だよ。

ひし美　隊長が主役で、やっぱり気合いが入ってたわよね。スーツはご自分のを用意されていたし。

森次　隊長とダンの絆が描かれるのがいいな。隊長が一人で探してるとき、ダンが現れて一緒に探す。ダンは一番新人だから、特に隊長を慕う気持ちが強いんだよ。隊長が夕日の中を歩く場面はジーンとくるな。

ひし美　当時、夕日のシーンは撮影がいいって、みんな言ってたわよ。

森次　野長瀬監督が冴えてるよ。カメラワークがいいんだよな。隊長が長ゼリフを言うときに背中から撮ったりね。

ひし美　私は占い師の安井役の木田三千雄さんに会えて嬉しかった。「あ！　NHKのコメディ『お笑い三人組』の人だ！」って。いつもテレビで見てたから。

ALIEN&
MONSTER

宇宙ゲリラ シャドー星人
身長 2m
体重 70kg
地球防衛軍の超兵器開発基地「03倉庫《マルサン》」を襲う。

猛毒怪獣 ガブラ
身長 ミクロ～48m
体重 0～3万t
アイスラッガーで首を切られてもシャドー星人のコントロールで動き出す。

キリヤマは姿を消した安井を案じて、休暇願を出して探そうとする。「私は古いタイプの人間かもしれないが、人間の予知能力、霊感といったものを無視できないタチでな」。

「今日がダメなら明日を捜しゃあいいんですよ」の言葉が印象的な占い師の安井は、木田三千雄が演じた。軽妙で人間臭いキャラクターはこの役柄にぴったりだった。

見えない宇宙人と戦うダン！「イマジネーションだよ」(森次)

写真提供：浦野貞子

キリヤマはひたすら安井を捜し求める。中山昭二は1998年、70歳で没。

ラストは名ナレーター浦野光の名ナレーション。「予感、テレパシー、…人間だれしも多少の予知能力はあるものです。もし、あなたに、超能力があっても、宇宙人来襲の予言だけはしないでください。命を狙われては、元も子もありませんからね…」。写真は1985年ごろの浦野氏。2018年、86歳で没。

森次 木田さんと僕は同じ事務所だったんだ。

ひし美 国際放映の事務所のNACね。私も誘われたことがあったな。

森次 NACで『セブン』に出た人は多いよ。「緑の恐怖」の酔っぱらいをやってる大村千吉さんは、東宝からNACに移籍してた。個性的な人が多かったよ。

ひし美 ダンが目に見えない宇宙人と戦うところがあるわね。一人芝居で戸惑ったんじゃない？

森次 イマジネーションだよな。投げ飛ばしちゃうしさ（笑）。なかなか他ではやらないよ。見直すと、まあよかったな。

ひし美 ラストシーンを撮ったのはよく覚えてる。メディカルセンターのセットで、みんなで笑って。

森次 超能力が消えて、大喜びする安井と一緒に全員が笑うんだよな。

ひし美 笑いでジ・エンド。いかにも一件落着って感じね。ラストは浦野光さんのナレーションがいいわね。

森次 浦野さんは顔は見えなくても『セブン』のレギュラーだね。

北極海上空で地球防衛軍のジェット機と旅客機が衝突事故を起こす。事件の調査にフルハシ隊員が向かうが、乗っていたホーク３号が突如制御不能に陥ってしまう。

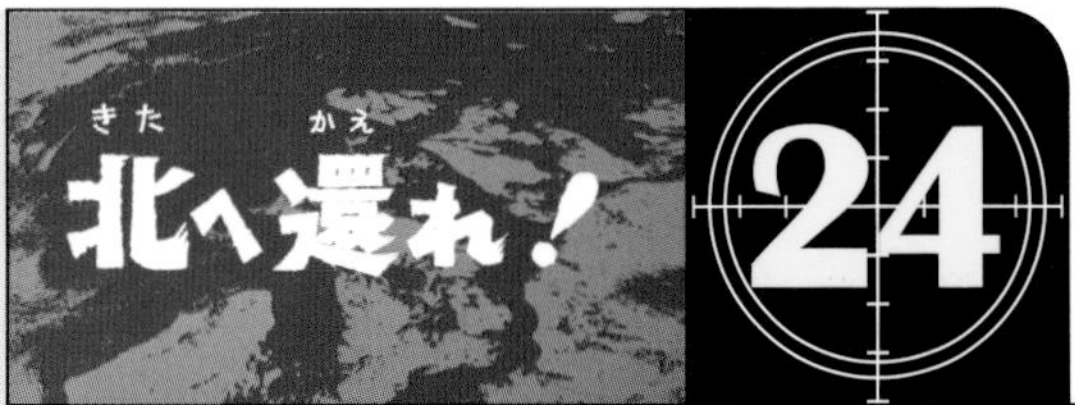

北《きた》へ還《かえ》れ！
24

『セブン』はSFだけど、こういう話があるのがいいよな。（森次）
マムシさんが「俺のおっかさんが、なんでこんな品のいい人なんだ？」って（笑）。（ひし美）

放送第24話 制作No.24　1968年3月17日放送
脚本：市川森一　監督：満田穃　特殊技術：高野宏一
視聴率：30.1%

フルハシ母子の感動エピソード

森次　フルハシが主役の回だよ。お母さんが故郷の北海道から出てきて、ウルトラ警備隊をやめさせようとするんだ。

ひし美　マムシさんが「俺のおっかさんが、なんでこんな品のいい人なんだ？」って言ってたのを覚えてる（笑）。

森次　市川さんは上品で、そこだけ小津安二郎監督の映画みたいだよ。

ひし美　撮影して帰って母に「今日、市川春代さんと出た」って言うと、「え、あの方と。凄い方と一緒にお仕事したのね」って言ってた。

森次　有名な女優さんだからね。

ひし美　脚本は市川森一さんね。マムシさんは市川さんが脚本の『私が愛したウルトラセブン』でアンヌが主人公だったことをうらやましがってふくれていたの。でもNHKの番組で市川さんが「『北へ還れ！』は僕が書いたんですよ」って言ったら、急に態度が変わって、直立不動になって握手よ（笑）。

森次　マムシさんお気に入りの話だよ。

フルハシが乗るシーンも多かったウルトラホーク3号のプラ玩具。でっぷりした形もフルハシに似合っていた。

「市川春代さんはこのとき55歳なのね。今の50歳、60歳は、ヘアスタイルも若いから全然違うわね」(ひし美)。市川は戦前から女優と歌手で活躍し、アイドル的な人気だった。

ALIEN

オーロラ怪人 カナン星人

身長 1.8m
体重 62kg

灯台ロケットから放つオーロラ光線で、北極上空の飛行機を衝突させた。

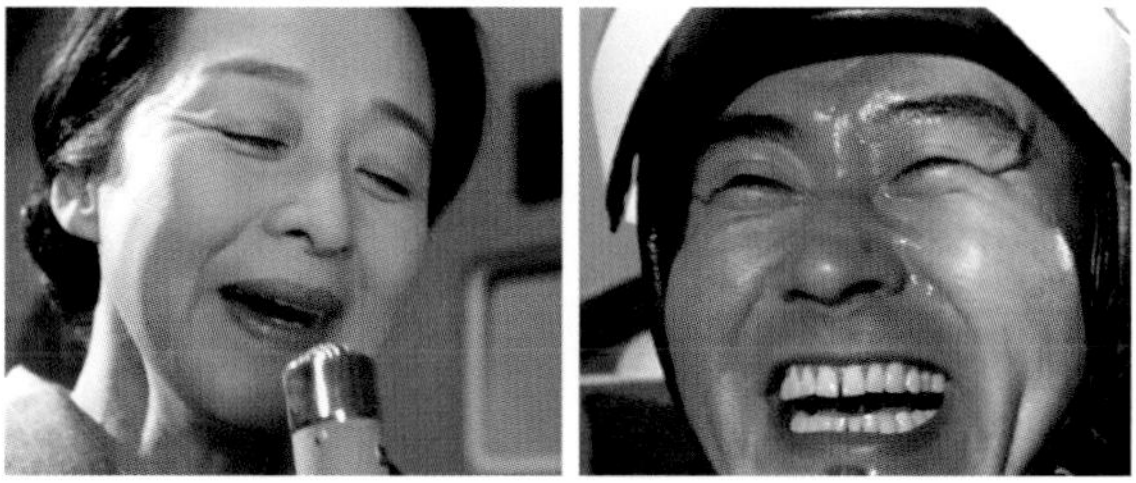

フルハシのホーク3号の爆発の瞬間が迫る状況で、母子が笑い合う名シーン。満田監督は、自分が初めて監督になったと母に伝えた時、電話口で笑いあったことを思い出して演出したと述懐している。

『セブン』はSFだけど、こういう話があるのがいいよな。

ひし美　ダンも北海道出身で東京に出てきたけど、お母さんは東京へ行くのは許してくれたの？

森次　いや、言えなかった。東京へ行きたいなんて言ったら行けない。そういう時代だろ。

ひし美　有名になって錦を飾ってやるぞって感じ？

森次　そこまではなかったけど、役者になったとき、「森次」という本名で行こうと思ったね。芸名にしないことが親のためって意識があった。おかげで『セブン』のあとで「親戚だ」って人がずいぶん現れたね（笑）。

ひし美　ダンが一番に電話を取って笑うところや、フルハシがウルトラ警備隊をやめるってお母さんに聞いて、ショックを受けるのがかわいいわよね。「そんなぁ」って。

森次　いいよね。満っちゃんらしい演出で。この24話は全体の中間地点で、監督たちもわかってきたんだろうね。

25 零下《れいか》140度《ど》の対決《たいけつ》

地球防衛軍基地周辺が、突如異常な寒波に襲われた。さらに中心の原子炉が破壊され、基地内が零下１４０度に。犯人はポール星人があやつる凍結怪獣ガンダーだった。

雪が舞い上がって口に飛び込んじゃうんだ。（森次）

基地も凍っちゃうのよね。（ひし美）

放送第25話 制作No.25　1968年3月24日放送
脚本：金城哲夫　監督：満田稔　特殊技術：高野宏一
視聴率：28.6%

ウルトラ警備隊が全滅寸前に

森次　これは忘れないね。真っ白な雪景色のセットにポインターを入れて撮ったんだ。雪はシッカロールとか発泡スチロールや塩を敷き詰めてね。

ひし美　この中の芝居はたいへんでしょ。

森次　ずっと吹雪の場面だろ。セットで扇風機を回すんだよ。でっかい扇風機をね。だからシッカロールの雪が舞い上がって口に飛び込んじゃう。目も痛いしさ。顔も霜のメイクをして。でもこんな雪景色を作ったスタッフには恐れ入るよ。

ひし美　私は雪のセットは見てないの。でも満田監督に聞いて知ってる。雪が少ない年だったからロケハンしても撮れる場所が見つからなくて、廃棄処分されるシッカロールを引き取って使ったって。

森次　北海道出身の僕も感心するセットだよ。

ひし美　基地も凍っちゃうのよね。アンヌが「眠ったらおしまいよ」って抱え起こす隊員で金城哲夫さんが出てるの。

森次　藤田進さんのヤマオカ長官も重々

ALIEN&
MONSTER

ミニ宇宙人 ポール星人

身長 33cm
体重 1kg

かつて地球を二度も氷河期にしたという。寒波で地球防衛軍を苦しめた。

凍結怪獣 ガンダー

身長 45m
体重 2万t

地球防衛軍の地下に潜り、冷凍光線で凍結させた。空を飛ぶこともできる。

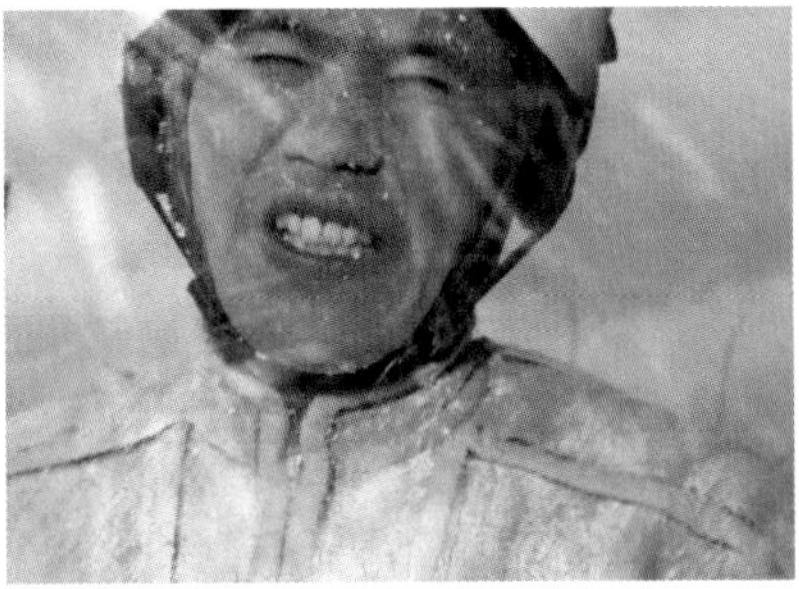

「基地に帰ればあったかいスチームとコーヒーが俺を待っている」と、猛吹雪の中でダンは必死に歩みを進める。「雪が口にも耳にも飛び込んでくるんだよ」(森次)

満田秮監督と脚本の金城哲夫をレギュラーが囲む。金城は中央。凍り付いた基地で昏倒する隊員を演じた。「金城さんはけっこう出たがりでした(笑)」(ひし美)

ラストシーンは長野県の霧ヶ峰で撮影。「一泊ロケに行ってこれだけ撮ったんだ」(森次)

猛吹雪の中で落としたウルトラアイが、なぜか雪の上に!「それは言わないの(笑)」(森次)

しくて、いかにもウルトラ警備隊の限界ギリギリって感じだな。

ひし美 失くしたウルトラアイが雪の上にあるのはちょっと変?(笑)

森次 それは言わないの(笑)。でもそれで変身して、逆転して勝ちましたって単純な話じゃなくて、寒くてセブンが戦えないのがいいね。

ひし美 ラストは雪山に行ったの?

森次 行った。僕だけ一泊ロケで深い雪の中を歩いた。晴れてるけど寒かったよ。

ひし美 主役はつらいわよね。

森次 「他のレギュラーは休みでいいなあ」って思いながら(笑)。でも雪のセットも凝ってたし、ラストの引きだけは本当の雪山でってロケに行くこだわりも立派だよ。『セブン』スタッフの熱意に頭が下がるね。

ひし美 特撮も雪景色で、カプセル怪獣のミクラスが出たり凝ってるじゃない。

森次 出てたね。この回は宇宙人のポール星人も印象的だよな。妙に高い声で、ペラペラとお喋りで、憎たらしいよな(笑)。

超兵器Ｒ１号の実験のため、生物のいないギエロン星が選ばれる。だがこの星には生物が生息していたのだ。破壊された星の生物が恐ろしい怪獣となって襲ってきた。

超《ちょう》兵《へい》器《き》R1号《ごう》 26

『セブン』という器だから言えることがあるんだ。（森次）
戦争に終わりはないし、空しいってことね。（ひし美）
放送第26話 制作No.26　1968年3月31日放送
脚本：若槻文三　監督：鈴木俊継　特殊技術：的場徹
視聴率：27.3%

モロボシ・ダンの最も悲痛な戦い

森次　世界の核軍拡競争を真っ向から批判した名作だよ。台本を読んだとき、「これは深いな」と思った。「血を吐きながら続ける悲しいマラソンですよ」は名セリフだね。

ひし美　フルハシは「地球を侵略する惑星なんかボタン一つで木端微塵だ」って超兵器に大賛成で、アンヌも「超兵器があるだけで平和が守れるんだわ」って喜ぶ。でもダンは「地球を守るためなら何をしてもいいのですか！」って反対する。

森次　『セブン』の中でも屈指の重い話だね。成功したのは、この時期だからだよ。最初の方でこの話が来たら、演じ切れなかったんじゃないかな？

ひし美　なるほど、真ん中あたりの26話だもんね。半年の間、私たちが場数を踏んだから、重い話もこなせたのかもね。いいこと言うね、ダンも（笑）。

森次　言うよ（笑）。でも当時はそんな意識も余裕もなかった。「血を吐きながら」のセリフは難しいセリフだよ。今見ると

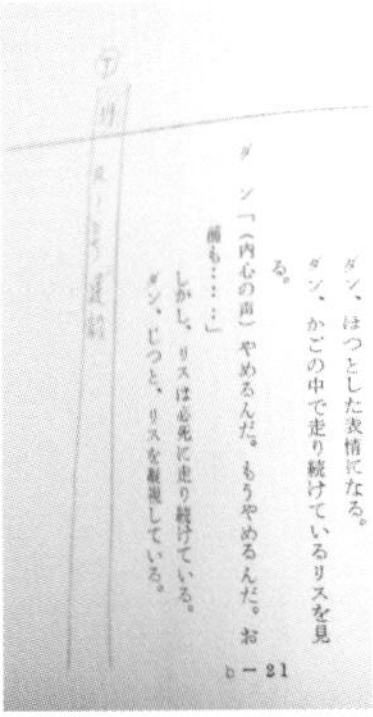
ダン、はつとした表情になる。
ダン、かごの中で走り続けているリスを見る。
ダン「(内心の声) やめるんだ。もうやめるんだ。お前も……」
しかし、リスは必死に走り続けている。
ダン、じつと、リスを凝視している。
b−21

台本のラストではダンが心の声でリスに語りかけるが、完成作では無言で見つめる。さらに最後は超兵器の建造が続くと示唆する案もあった。なお、リスは元々ガンダーやプロテ星人を演じた山村哲夫のペットで、円谷プロ社員が引き取ったもの。なかなか名演技?

「R1号計画スタッフの前野博士役の田村奈巳さんは東宝の先輩で、知的な学者が似合ってる。素敵よね」(ひし美)。瀬川博士役の向井淳一郎も東宝の名脇役。

ギエロン星を標的にR1号が発射。爆発力は新型水爆8千個分。「50年経っても核がなくならないから、今もこの話が刺さるんだな。複雑だよ」(森次)

「ノドを切って返り血を浴びるんだ」(森次)。セブンも傷を負った悲壮な戦い。

MONSTER

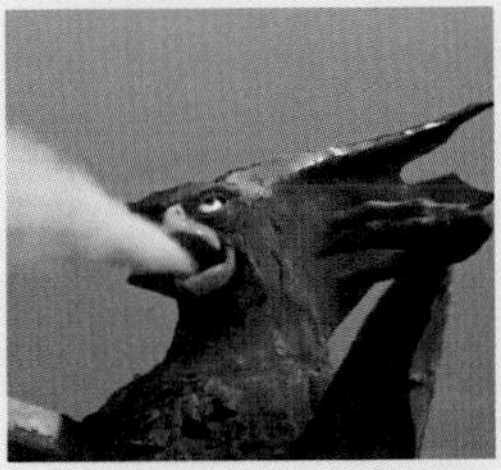

再生怪獣
ギエロン星獣
身長 50m
体重 3万5千トン
地球防衛軍のR1号の爆発でギエロン星の生物が怪獣になった。再生能力がある。

「よくぞサラリと言ってのけたな」「若いから怖いもの知らずだな」って感心するよ。言い方が重すぎないのがいいね。計算じゃなく偶然だけど。

ひし美　偶然って凄いのよ。私も〝偶然の女優〟だから。たまたま『セブン』に出たから女優として覚えられてるだけ(笑)。

森次　セブンと怪獣の戦いも、羽毛が舞ったり、ノドを切って返り血を浴びたり、痛々しくて悲しいんだよ。

ひし美　カゴの中で車を回すリスが印象的ね。

森次　ラストは台本だと「やめるんだ、もうやめるんだ、お前も……」ってダンが心の声でリスに語りかけて終わるんだ。でも完成作にその声はない。ただリスを見せて視聴者に考えさせてる。

ひし美　そのほうがいい! 戦争に終わりはないし、空しいってことね。

森次　一般ドラマでこういう題材は社会派過ぎて見てられないかもしれない。でもSFの『セブン』なら風刺になる。『セブン』という器だから言えることがあるんだ。

ソガ隊員に婚約者を紹介するため防衛軍に向かっていた野川通信隊員が、謎の円盤に吸い込まれてしまう。戻ってきた野川は基地にプレート爆弾をしかけていく。

サイボーグ作戦《さくせん》 27

目の付け所が面白い。（森次）

アンヌ、なかなかやるじゃん（笑）。（ひし美）

放送第27話 制作No.27　1968年4月7日放送
脚本：藤川桂介　監督：鈴木俊継　特殊技術：的場徹
視聴率：26.4％

狙われた一般隊員

森次　『セブン』には通信や警備を担当する地球防衛軍の一般隊員が大勢出てくるけど、その一人が、ボーグ星人に捕まって、サイボーグに改造されて操られる。
ひし美　婚約中で幸せな時期にさらわれちゃうのが怖いわよね。
森次　怖いね。でも目の付け所が面白い。
ひし美　見直すと、アンヌがキリヤマ隊長とウルトラホークで出動して、敵の円盤を爆破しちゃうシーンが凄いな。アンヌ、なかなかやるじゃん（笑）。
森次　僕のほうは、サイボーグになった野川隊員との格闘が今までになかったシーンだね。
ひし美　殺陣師は岩本弘司さんね。東宝の俳優で殺陣師もやったヒロチンよ。私たちが出た『天下の青年』でも殺陣師だったわね。野川隊員の婚約者は、東宝の同期の宮内恵子さんで、彼女も『天下の青年』にゲストで出てたわ。
森次　言われてみれば面白い偶然だ。
ひし美　ダンに、「僕は宮内さんがタイプ

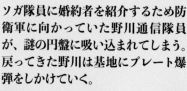

甲冑星人
ボーグ星人
身長 2〜40m
体重 180kg 〜2万6千t
地球防衛軍の野川隊員に催眠プレートを埋め込んでサイボーグ化した。

相模湖でのフルハシのアクアラングシーン。撮影は2月で、あまりの寒さに旅館の風呂に直行したと毒蝮は語っている。

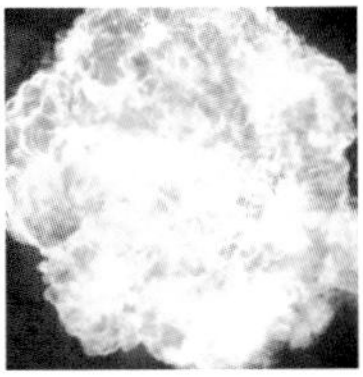

熱ミサイルと強力爆弾のマグネチック7でボーグ星人の円盤を大爆発させるアンヌ。クールビューティーな一面を見せる。「なかなかやるじゃん」（ひし美）

早苗役の宮内恵子は、『緊急指令10-4・10-10』『スーパーロボット　レッドバロン』『ザ・スーパーガール』などで知られる牧れいの旧名。アクションもできるヒロインとして大活躍した。

空き缶をガラガラ引きずる車で新郎新婦をハネムーンに送り出すのは、「ブライダルカー」という米国の習慣。ロケに使われた「カトリック瀬田教会」の白い建物は現在も変わらない。

怪しげなボーグ星人の女を演じたのは近藤征《そ》矢《や》。「東宝の方なんですが、面識はなかったです」（ひし美）

だなあ。ひし美ゆり子よりタイプだよ」って言われたことがあったわよ（笑）。

森次　ええっ？　誰の話だい？　そんな失礼なこと言うわけないよ（笑）。

ひし美　言ったのよ（笑）。『天下の青年』のころ、ダンはかわいい子を見るといい声で歌を聞かせてたわよね（笑）。

森次　そんなことするかな。歌は好きだったけどね……。

ひし美　この撮影の合間に、古谷ちゃんと私は小樽に行って、「おたる雪まつり」に出演したの。帰ってきたらマムシさんが、「昨日はたいへんだったよ。相模湖でアクアラングの撮影やって、寒くて寒くて」ってさんざんボヤいていたの（笑）。

森次　寒い中でムチャやらせるよな（笑）。最後は教会の結婚式で、車に空き缶を付けて引っ張って、ハッピーエンドだ。

ひし美　空き缶をガラガラ引っ張るのは、昔の映画なんかでも見た気がする。でも本当にやってる人は見たことない。

森次　僕もないよ。案外「『セブン』で見て知ってるだけ」って人が多いんじゃないかな。

高性能火薬スパイナーの地下実験場への輸送は何者かに狙われていた。ラリーに紛れてスパイナーを運ぶダンとアマギに、次々と敵の攻撃が襲いかかる。

700キロを突《つ》っ走《ばし》れ!

28

リアルなラリーシーンを撮ってて見応えがあるよ。（森次）
隊長が怖がるアマギに爆弾を外させたり、ビンタしたりする。（ひし美）

放送第28話 制作No.28　1968年4月14日放送
脚本：上原正三　監督：満田穧　特殊技術：高野宏一
視聴率：27.8%

アマギとダンの友情とウルトラ警備隊魂

森次　ダンとアンヌのデートから始まる。映画館で二人がかじってるせんべいは半端じゃなく大きいから面白かったな。満田監督がスタッフに言って、浅草で探したんだってね。

ひし美　日誌を見ると東宝の試写室で2月14日に撮ったって。黄色い服は「蒸発都市」でも着てるから、たぶん自前ね。

森次　僕も自前の服だね。次に遊園地でコーヒーカップに乗ってる。本当は苦手なんだ。真ん中のハンドルを回すとグルグル回るけど、気持ち悪くなっちゃう。

ひし美　えっ、ダンも？　私もこういう乗り物は一切ダメなの。今見ると「私よく乗ったねえ」って思うもん。

森次　僕は回るのもダメ、高いところもダメだよ。

ひし美　私も遊園地のコーヒーカップや飛行機は苦手。飛行機にどうしても乗らなきゃならないときは、必ずお酒を飲むもんね（笑）。

森次　アンヌがウルトラホークで出動！

侵略宇宙人 キル星人

ラリーに紛れてダンたちを狙った。

戦車怪獣 恐竜戦車

身長 60m
体重 7万t

高性能火薬スパイナーを狙って出現。キャタピラでセブンを苦しめた。

遊園地ロケは今はなき向ヶ丘遊園。「走りたいなあ。アフリカ大陸横断。地平線の端まで突っ走るんだ。ブウンブウンブブブン！」とはしゃいでコーヒーカップを回すダン。「すっかり地球人の若者になってるな」(森次)

ウルトラ警備隊が私服で行動する場面が多いエピソード。「自前が多いんじゃないかな」(ひし美)

アマギは爆弾の信管を外して爆発を止め、自分も恐怖を克服した。「古谷ちゃんは主役の回もいつも通り落ち着いてた。アチ(ソガ役の阿知波信介)は主役だと舞い上がってた(笑)」(ひし美)

ラストは過酷な任務を乗り越えたアマギとダンが固い握手。そしてダンのナレーションが締め括る。「われわれがウルトラ警備隊魂を持ち続ける限り、地球の平和は守られるに違いない」。

今までないタイプの敵、恐竜戦車にウルトラセブンは苦戦する。

と命令されたら、まず酒を飲まなきゃいけないな(笑)。この話はアマギ隊員が主役だね。リアルなラリーシーンを撮って見応えがあるよ。

ひし美　ロケは朝霧高原ね。私は桜田淳子ちゃんみたいな帽子を被ってる(笑)。

森次　アマギは子供の頃に見た花火工場の爆発事故がトラウマなんだよな。『セブン』は一人一人のキャラクターがハッキリあって、それぞれ主役の話で、弱さや悩む姿を見せるよね。でも仲間とピンチを乗り越える。そこもいいんだよな。

ひし美　隊長が怖がるアマギに爆弾を外させたり、ビンタして喝を入れる。「あれは本気でビンタされた」って古谷ちゃんが言ってた。

森次　迫真の愛のムチだな。

ひし美　今じゃパワハラって見られちゃうのかな？　なんだか生きづらい世の中になったわね。

森次　あくまでお話だよ。人の本当の気持ちや愛情がわからない世の中にはならないで欲しいな。

京南大学の仁羽教授の元、打ち上げられた科学観測衛星は、実はプロテ星人のスパイ衛星だった。助手の一の宮は仁羽教授の正体を知りつつ協力するが…。

29

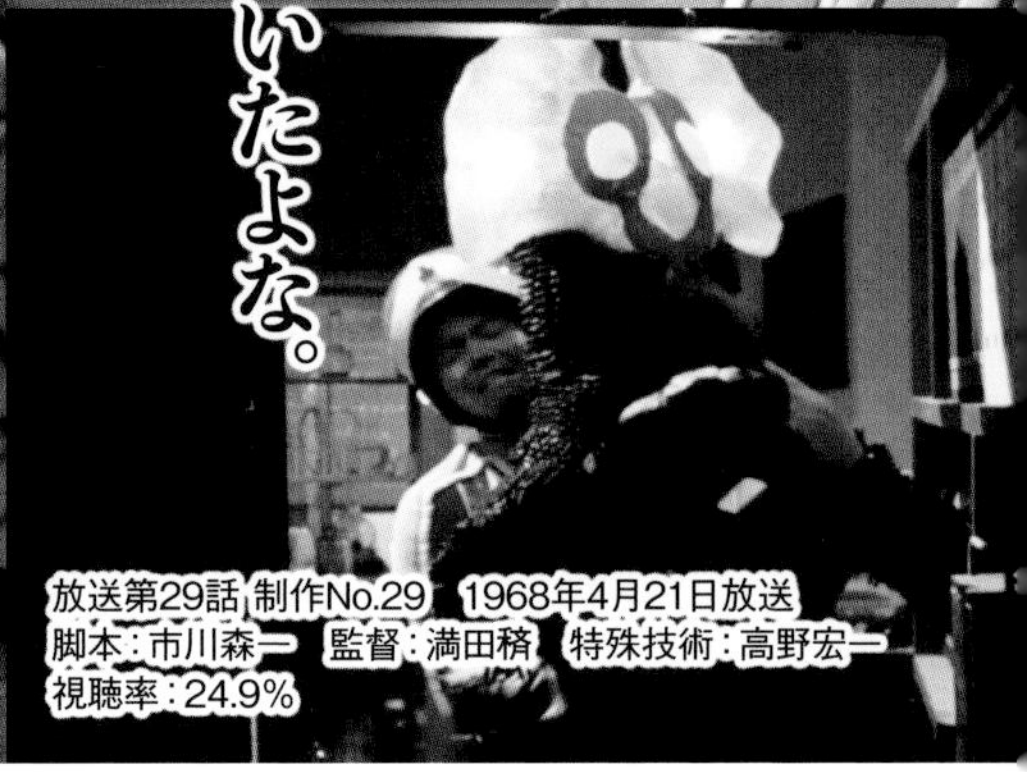

アチは張り切っていたよな。（森次）

「ね、ソガくん！」っていうアンヌの芝居は面白かったとよく言われるの（笑）。（ひし美）

放送第29話 制作No.29　1968年4月21日放送
脚本：市川森一　監督：満田稃　特殊技術：高野宏一
視聴率：24.9%

ソガ隊員が主役の回

森次　孤独な天才青年が宇宙人に利用されるお話だよ。

ひし美　ロケに使われた学習院大学は、円谷一監督の出身校なのね。それでお話に出てくるピラミッド校舎が解体されることになったとき、この「ひとりぼっちの地球人」の上映があって、満田監督がゲストに呼ばれたんだそうよ。

森次　三角形の特徴的な建物だね。

ひし美　そして上映には当時の皇太子殿下もご出席されていて、満田監督はお話しされたんだって。

森次　今の天皇陛下だね。ご幼少の頃は『ウルトラマン』や『ウルトラセブン』の大ファンだったって聞いたことがあるよ。

ひし美　そうなの。「ソガ隊員、アンヌ隊員、懐かしいですね」とお話しされたみたいよ。

森次　ダンの名前は出なかったのかなぁ（笑）。しかし、実に光栄だよね。アチにも聞かせたかったよ。

ひし美　本当よね。

「えっ、キミわかってんの？」「南部冴子さん、京南大学英文科二年生、ウフフ」。10日前に婚約したソガを冷やかすアンヌも今回の見どころ。「アチは張り切っていました」（ひし美）。ソガ役の阿知波信介は2008年没。南部冴子役は北林早苗。

ロケに使われた学習院大学のピラミッド校舎。“ピラ校”の愛称で親しまれ、同大目白キャンパスのシンボルだったが、2008年に解体。
写真提供：鈴木徹也

プロテ星人の前に建つのがピラミッド校舎。忠実に再現したミニチュアが跡形もなく破壊される。

ロボットや怪獣図鑑お買い物
浩宮さま、初めてデパートへ

1967年の新聞掲載記事。今上天皇がウルトラ好きだった証拠。

教授役の成瀬昌彦は、「第四惑星の悪夢」でロボット長官も演じ、今回に続いてソガとダンを苦しめている。「成瀬さんは素でも劇中の雰囲気に近くて、物静かでちょっと影がある独特の個性の方だったね」（森次）

ALIEN

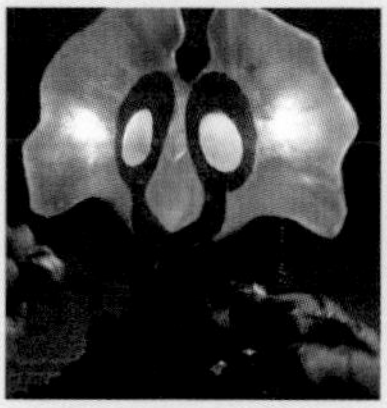

宇宙スパイ
プロテ星人

身長　1.7〜46m
体重　100kg 〜1万2千t

京南大学の仁羽教授になりすまし、孤独な学生・一の宮をだました。

森次　アチは張り切っていたよな。
ひし美　そう、すごく舞い上がっていた。
森次　ソガは射撃の名手だからって、アチは銃を構えるポーズを研究したりね。いつも役作りは熱心にやっていたよ。
ひし美　芸能プロの社長になってからは、飲みに行くと凄いのよね。店で一杯飲んで、5分もいると「次行こう！」って、お気に入りの店に次々に連れていかれるの。豪快だったわね（笑）。
森次　お話のほうは市川森一さんの傑作の一つだよ。一の宮という青年は、頭が良すぎて人とつき合うのが苦手で、自分の能力を認めてくれる教授を信じて力を貸してしまう。オウム事件なんて、この話が現実になったみたいだもんね。
ひし美　ソガが主役でダンもアンヌも出番が少ないのよね。でも「ね、ソガくん！」っていうアンヌの芝居は面白かったとよく言われるな（笑）。
森次　ラストとかダンとソガの仲の良さもよく出てる。前回に続いて、満田監督がウルトラ警備隊のキャラクターをそれぞれ立たせてくれてるよ。

将来のウルトラ警備隊員を目指す青木隊員は名声を独り占めしようと考え、敵の宇宙戦車を目撃してもあえて本部に報告しない。しかしそのため防衛軍はピンチに陥る。

栄光《えいこう》は誰《だ》れのために 30

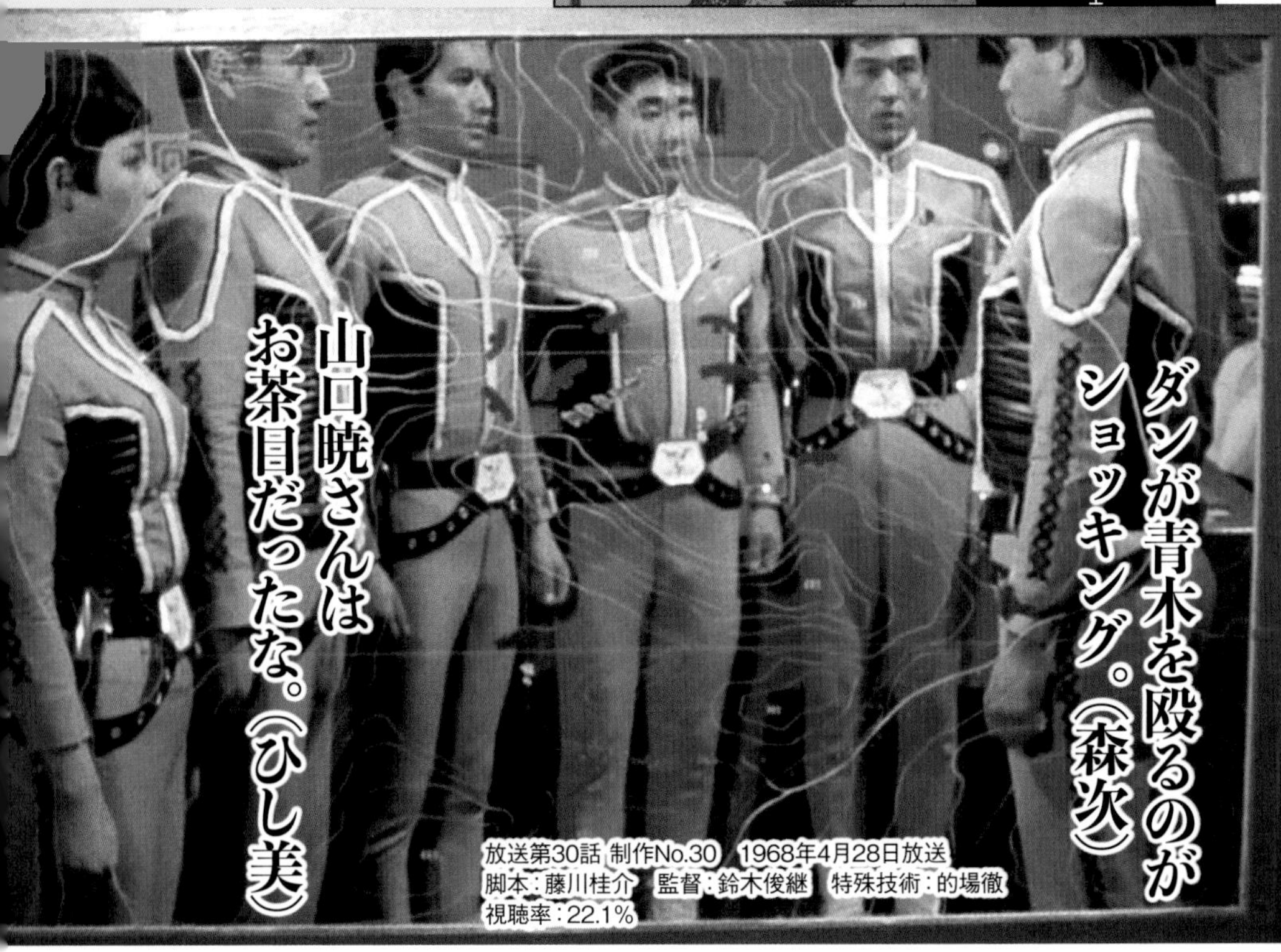

ダンが青木を殴るのがショッキング。（森次）

山口暁さんはお茶目だったな。（ひし美）

放送第30話 制作No.30　1968年4月28日放送
脚本：藤川桂介　監督：鈴木俊継　特殊技術：的場徹
視聴率：22.1%

ダンが青木を殴った理由

森次　山口暁さんがゲストで、ダンを猛烈にライバル視する見習い隊員の青木は憎たらしくて最高だったな（笑）。山口さんは、『忍者部隊月光』のレギュラーで見てた。二枚目で上手な俳優さんだったよ。

ひし美　山口さん、お茶目だったな。この回と「悪魔の住む花」のための千葉の館山方面ロケで、宿は鄙びた旅館だったの。夜に山口さんが「ビールをお猪口に注いで、立て続けに20杯飲めるかい？」って、あの二枚目顔でニコニコ言ってきて、私は「飲めるわよ！」ってぐいぐい飲んで賭けに勝ったのよ（笑）。

森次　彼はダンにもアンヌにも勝負を挑んでいたんだな（笑）。

ひし美　ダンはライバルって思う俳優はいたの？

森次　ないない。芝居って、感性の部分が大きいからさ。それぞれ持ってるものが違って、競うものじゃないと思う。人は人、自分は自分だよ。

ひし美　私も人と競うって全然ないなあ。

ALIEN

プラスチック怪人
プラチク星人

身長　2～40m
体重　50kg ～1万5千t

地球防衛軍のマグマライザーを強奪して攻撃を仕かけた。骨になっても活動できる。

自信家で鼻持ちならない青木隊員を好演した山口暁は別名・山口豪久。『仮面ライダーV3』のライダーマンこと結城丈二、『電人サボーガー』主役の大門豊など多くの人気キャラを演じた。1986年に41歳の若さで逝去。

クレー射撃、ラリー、アクアラングなど、当時の男性人気のレジャーが『ウルトラセブン』には多く登場し、子供たちも憧れた。「クレー射撃は試してみた。当たるもんじゃないね(笑)」(森次)

初登場の戦闘機ウルトラガードの空中戦、驀進し砲撃するマグマライザーと戦車隊。今回は迫力のメカ特撮も見どころ。

「私のための栄光が欲しかった……」。青木を滅ぼしたのは彼自身の野心だった。「ダンは仲間の命を粗末にした青木を許せなかった。だから殴ったんだ」(森次)

プラチク星人は、一度は降伏したフリをして油断したセブンを背後から襲う。そして焼かれても骨になって立ち上がる。姑息さと執念深さはピカイチ。

セブン聖地
星ヶ原演習場

ロケ地は千葉県の平砂浦サンドスキー場。近年は草に浸食されて砂地が減少している。

いつも受け身。一度だけ映画『三池監獄兇悪犯』で台本が気に入って、「私やる！」って主役を奪ったことがあったけどね。

森次　ラストでダンが青木を殴るのがショッキングだね。青木が手柄をたてようとマグマライザーを誘導したことを告白する。そして隊員が大勢死んだ。それが仲間思いのダンは許せなかったんだ。でも台本には、青木の告白も、ダンが殴る場面もないんだよ。

ひし美　鈴木監督が足したんだ。

森次　うん、優しいダンやひょうきんなダンを満田監督が見せたけど、厳しいダンを見せたのは鈴木監督のお手柄だな。口には出さなくても、監督たちもライバル心があって、『セブン』は面白くなったんだよ。

ひし美　野戦シーンも火薬をたくさん使って力が入ってるわね。

森次　リハーサルでは爆発する場所に旗が立ってるんだよな。覚えておいて、本番で走り抜けたり、爆風で倒れる芝居をする。しかし、わかってても怖いし危ないよ（笑）。

美しい花びらに口づけした途端、少女香織は失神してしまう。宇宙細菌ダリーが体内に侵入してしまったのだ。セブンは、自身をミクロ化して体内で戦うことを決意する。

悪魔《あくま》の住《す》む花《はな》

31

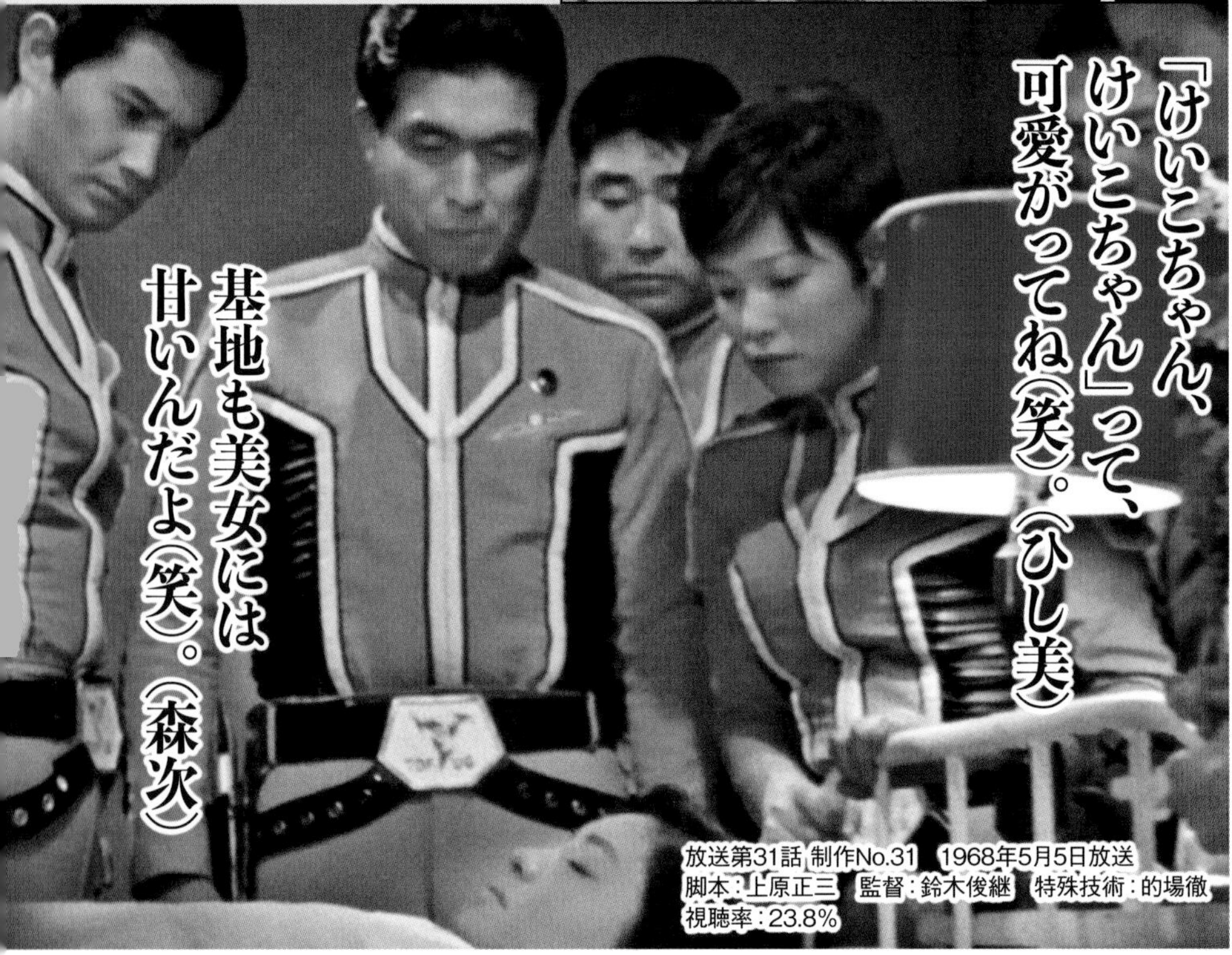

『けいこちゃん、けいこちゃん』って、可愛がってね（笑）。（ひし美）

基地も美女には甘いんだよ（笑）。（森次）

放送第31話 制作No.31　1968年5月5日放送
脚本：上原正三　監督：鈴木俊継　特殊技術：的場徹
視聴率：23.8%

セブンよ少女を救え！

森次　アマギ隊員の主役回で、松坂慶子さんのゲスト出演で有名な回だよ。花びらに口づけした香織という少女に、宇宙細菌ダリーが寄生してしまうんだ。

ひし美　慶子さんは可愛かったわよね〜。

森次　可愛いかったね。「若いな〜、顔がまん丸で、パッツンパッツンで！」って見てたよ。

ひし美　もうダンったら失礼ね。まだ15歳だもん。私は「けいこちゃん、けいこちゃん」って可愛がってね（笑）。

森次　のちに松坂さんとは同じ松竹の所属になったり、時代劇の『江戸を斬る』で共演もあった。

ひし美　『セブン』のことは話したことあるの？

森次　いや、思えば一度もこの話はしたことがないな。

ひし美　香織が宇宙細菌に操られて吸血鬼みたいになって、隊長とアンヌに口から白いガスを吹くシーンは、テレビの懐かし番組やらでそこだけ抜かれて、何度

宇宙細菌 **ダリー**

身長 1mm

体重 0.1g

人間の体内に侵入し、血液のフィブリノーゲンを食べる。寄生した人間を操れる。

アマギと香織が夜のメリーゴーラウンドに乗る幻想的なシーン。古谷敏は「松坂さんは礼儀正しい女の子でした」と述懐している。

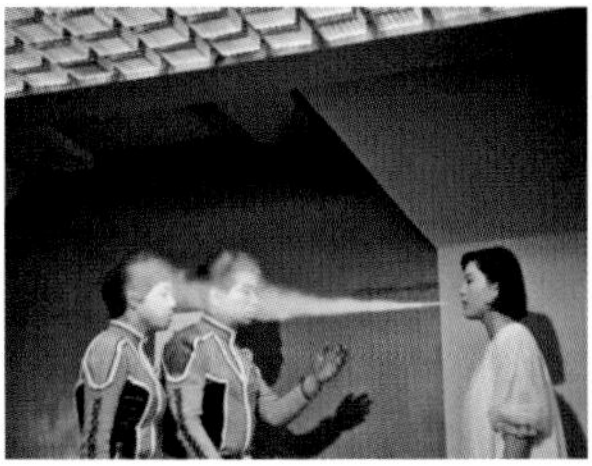

香織の吐くガスにアンヌもキリヤマも倒れる！「松坂慶子さんは数年で大人の女優にイメージが変わり、“あのときのけいこちゃんだ！”と気づいたのは、ずっと後でした」(ひし美)

「消された時間」「地震源Xを倒せ」そして本作と『セブン』に3回出演した若山真樹(右)。

ダンは決意してセブンに変身してミクロ化し、香織の体内で戦った。色彩豊かで美しいシーンに仕上がっている。

「あのう、お会いしましたわ。どこかで？」「さぁ」。アマギは微笑んで何も言わず、爽やかな余韻のラストシーン。

見たかって感じね。

森次　そう、ウルトラ警備隊の中でも被害者が出る。基地に何者かが侵入して危機になるパターンは多かったな。大体、侵入者は美女の姿をしてる。女の子に弱いのは、ウルトラアイを盗まれるダンだけじゃない。地球防衛軍も美女には甘いんだよ(笑)。

ひし美　お花畑は千葉の館山の白浜。病院は、ロイヤル病院っていう本物の病院。香織とアマギがメリーゴーラウンドに乗るシーンは、二子玉川園。ずいぶんロケをしてるわよ。

森次　極めつけが香織の体の中だよ(笑)。あの頃『ミクロの決死圏』って映画があった。

ひし美　そう、私も見たことある。映画をあまり見ない私が見たんだから、話題だったのね。

森次　あれがヒントだろうけど、それでもセブンがミクロ化して人間の体に入っていくなんて、スタッフのチャレンジ精神は凄いよ。

地球に小惑星が突如接近してきた。ダン、アマギ、フルハシは調査に向かうが、攻撃を受けて小惑星に不時着する。実は小惑星は防衛軍の基地を破壊する時限爆弾だった。

散歩《さんぽ》する惑星《わくせい》 32

ツクシのヌタを現場に差し入れして、好評だった（笑）。（ひし美）
「散歩する惑星」ってタイトルはシャレてていいね。（森次）

放送第32話 制作No.32　1968年5月12日放送
脚本：山田正弘、上原正三　監督：野長瀬三摩地　特殊技術：高野宏一
視聴率：23.1％

謎の小惑星が迫り基地が大ピンチに

森次　地球に島のような小惑星が接近し、ダン、アマギ、フルハシが調査に出動。しかし惑星の無人基地に閉じ込められてしまうんだ。

ひし美　この作品は印象が薄いの。3月の撮影だからツクシがたくさん生えてたのね。それを摘んで、家でツクシのヌタにして、現場に差し入れして好評だったくらいね（笑）。

森次　うまかったんだろうけど覚えてないなあ。ごめんよ（笑）。第三のカプセル怪獣のアギラがデビューするんだよ。でもこれまた影が薄い怪獣だよな（笑）。

ひし美　アギラね。円谷英二さんの三男の円谷粲（あきら）さんの名前をもらったといわれているのに。名前負け？（笑）。日誌を見ると、ダンだけ九州に土日でサイン会へ行ってるのね。

森次　あの頃は営業っていうと、現地で主催者が待ってるだけで道中は一人だよ。自分で飛行機の切符を手配して、制服とヘルメットとブーツを入れたバッグを自

MONSTER

メカニズム怪獣
リッガー

身長 60m
体重 4万5千t
アステロイドベルトから飛来した小惑星に生息。誘導電波でコントロールしている。

カプセル怪獣 アギラ

身長 ミクロ〜45m
体重 0〜1万2千t
俊敏な動きと頭部の角が武器。勇猛な性格のカプセル怪獣。

行方不明のダンを案じるアンヌ。結局、見捨てられるダンだが、台本では平野に倒れているダンをホーク3号が救出に来るラストになっていた。

「フルハシ隊員とダンを踏み台に、アマギ隊員が機械を分解するシーンが面白いな。四つん這いの二人が脂汗を流してさ(笑)」(森次)

眠そうな目で愛嬌があるアギラ(右)。台本ではカプセル怪獣はウインダムだが変更されて初登場した。

出演者のイベントやサイン会も盛況だった『ウルトラセブン』。これは鹿児島イベントで子供たちに囲まれてポーズを取り、ローラースケートを披露するダン。「北海道育ちでスキーやスケートは得意だったよ」(森次)　写真提供：徳永能之

分でぶら下げて、「じゃ行ってきます」ってね。デパートでダンが一日店長を務めたこともあった(笑)。

ひし美　サイン会は、『セブン』出演料とは別にいいギャラが出て、お小遣いになって嬉しかったな(笑)。

森次　え、僕は手当が出ても苦労の割に少なかった。でも『セブン』の人気を実感するのはサイン会の長蛇の列だったな。

ひし美　今回の監督は野長瀬さんね。

森次　作戦室の透明アクリルの地図とか、当時としちゃ未来的でカッコいいよな。作戦室のテーブルは変わった形なんだよな。

ひし美　テーブルね。真ん中にヘルメットがあって、取るのがたいへんだった。

森次　テーブルというより単に箱で、膝が当たるし、椅子を置いても足が入らなくて使いづらいんだ(笑)。でも画面じゃ不思議とカッコイイよ。「散歩する惑星」ってタイトルはシャレてるね。まあ、正体は基地を狙う巨大爆弾で、すごく物騒なんだけどさ(笑)。

33 侵略《しんりゃく》する死者《ししゃ》たち

地球防衛軍の基地に運ばれた10体の死体。その死体の霊魂はシャドウマンとして宇宙人に操られており、セブンをコップに閉じ込め、秘密フィルムを盗み出した。

シャドウマン役の若い男性たちにアンヌは囲まれてね（笑）。（ひし美）

シャドウマンも僕らもスモークまみれでたいへんだよ。（森次）

放送第33話 制作No.34　1968年5月19日放送
脚本：上原正三　監督：円谷一　特殊技術：高野宏一
視聴率：23.9%

ホラータッチの異色作

森次　地球防衛軍の基地に運び込まれた死体が動き出すという、ゾンビものの先駆けのような異色作だよ。

ひし美　怪獣や宇宙人は出てこなくて、子供たちはつらかったかもしれないわね。

森次　怪獣や宇宙人が出てこない回は、「特撮が間に合わないのかな」「予算がないんだろうな」ってうすうす察してはいたね。

ひし美　一年間やるんだから、こういう変化球もいいんじゃないの。それに日誌を見ると、特撮班は美術や操演が泊まりこみで疲れてるって書いてある。セブンと円盤の戦いとかあって、怪獣や宇宙人が出なくてもたいへんなのよ。

森次　いつも「お金と時間がかかってるな」って驚いてたからね。特撮班はミニチュアを作って壊し作って壊しで、怪獣や宇宙人も毎回のように新しいのを出して、そりゃいくらでもお金がかかるよ。赤字スレスレでギリギリ頑張ってたんだからね。こういう回だってあるよ。

本作でダンが搭乗したホーク2号。当時のおもちゃのパッケージ。台紙には、りりしいダンとにこやかなアンヌが。セブンが裏面なのが珍しい。

ポインターが飛び出して来た男を跳ねた！ショッキングなシーンが続く。

アンヌの白衣姿が多いエピソード。「看護師と勘違いされがちですが、歴としたドクターなんですよ」(ひし美)

ラストシーン、電話に出てひょうきんな顔のダン。「最後だけ明るいね(笑)」(森次)

MONSTER

蘇生怪人 シャドウマン

謎の宇宙人が念力で霊魂を操ったもの。セブンをコップに閉じ込めた。

ウルトラセブンが宇宙船に捕らえられてしまった！　セブンとウルトラホークと円盤群の戦闘が特撮の見どころ。

「スモークを焚く撮影はたいへんだよ」(森次)。ダンの髪も煤や煙で白くなっている。

ひし美　でも当時は、私はそんな裏事情は考えてなかった。このときは結構楽しかったの。ほら、シャドウマン役の若い男性たちにアンヌは囲まれてね（笑）。現場が賑やかだったの。

森次　白塗りの不気味な顔で休憩にワイワイやってるのって変だよな（笑）。この回は基地の中でスモークをいっぱい焚いて撮影してるよ。シャドウマンも僕らもスモークまみれでたいへんだよ。目にも口にも入ってくるし、顔も全身も白くなっちゃうしさ。

ひし美　ラストはダンが電話を取って、ひょうきんな顔してる。怪獣は出ないし、怖いしで、子供たちへのエクスキューズかな？

森次　最後だけ明るいね（笑）。

ひし美　目立ったゲストはいないけど、地球防衛軍の医師役でセミレギュラーの岡部正さん（50ページに写真）は東宝の先輩。特にお話しした覚えはないけど、日大芸術学部出身で、先生を経て俳優になられたんだって。真面目で実直な方だったって聞いてる。

夜間工事を不審に思ったダンとソガは、攻撃を受け捕まってしまう。翌日、同じ場所のビル街一区画が突然消えてしまう。後には謎の発泡体が残っていた。

蒸《じょう》発《はつ》都《と》市《し》 34

アンヌは行方不明のダンが心配でイライラしてる。（ひし美）

森次本人としては楽だった回だな（笑）。（森次）

放送第34話 制作No.35　1968年5月26日放送
脚本：金城哲夫　監督：円谷一　特殊技術：高野宏一
視聴率：23.9%

蒸発したダンをアンヌは探す

森次　東京の真ん中でビル街が蒸発して、郊外に出現する怪事件が発生。ダンとソガもビルと一緒に蒸発するんだよな。

ひし美　宇宙人の言葉を語る霊媒師役が、今も私の仲良しの真理アンヌさん。アンヌの名前のもとになった人で、金城さんがファンだったんだってね。神秘的なムードでピッタリの役よ。

森次　不思議なシーンの連続だよ。マネキンのように動かない人々とか、まるで実験的な演劇だよ。円谷一監督が思いっきり自分の映像センスを発揮してるよな。

ひし美　日誌を見ると、日曜日に丸の内のビル街でロケしてる。エキストラを40名も動員してて、通行人が止まってる様子を撮ったんだわね。

森次　何かを腕で指さしたり、口を開けてたり、動かずに止まってたいへんだ。

ひし美　円谷一監督は上手よね。アンヌは行方不明のダンが心配でイライラしてる。そんなときにフルハシ隊員が無神経なことを言うから、飲みかけのコーラを

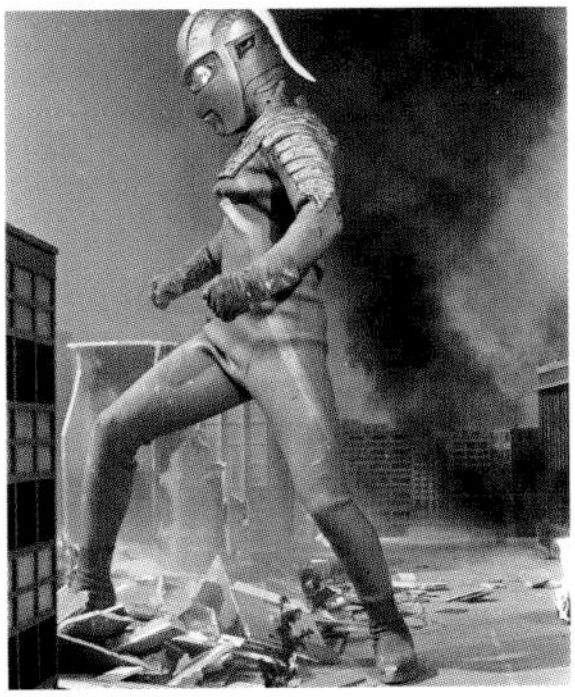

「特撮はハデだね。セブンが宇宙人に操られて、怪獣みたいにビルを壊したり大暴れする」（森次）

ビルと一緒に蒸発した人々は失神して硬直していた。作品ではダンは行方不明で終わるが、台本では事件解決後に仲間の元に駆けてくる場面がある。

発泡怪獣 ダンカン

身 長 40m

体 重 1万5千t

体から出す泡であらゆるものを消失させる能力を持ち、体を丸めての突進攻撃が得意。

アンヌは鈍感なフルハシに怒り、飲みかけのコーラを取り上げて捨ててしまう。「撮影したドライブインを訪ねたら、陶磁器のマイセンの美術館になっていました」（ひし美）。その後、美術館は移転。

ゲストは霊媒師のユタ花村役の真理アンヌ。「最近も電話やツイッターでよく連絡を取り合うの」（ひし美）

怪事件解決の指揮を執るタケナカ参謀役は佐原健二。『ウルトラQ』では主役・万城目淳役を務めた。

取り上げて、ドボドボ捨てちゃうのね（笑）。アンヌを面白く演出してくださってるな。

森次　森次本人としては楽だった回だな（笑）。出番は蒸発して消える場面と、変身する場面だけ。

ひし美　別の仕事があったわけでもないでしょ。

森次　違うよ。なにかとの兼ね合いでスケジュール調整とかじゃない。一年間、『ウルトラセブン』だけに集中していたからね。

ひし美　高度経済成長で、すごい勢いで変わっていく街への不安みたいなものがテーマね。でもダンはどうなったかわからず、行方不明のまま終わっちゃうのよ。

森次　珍しいよなあ（笑）。「散歩する惑星」でもダンは行方不明のまま終わるしね。「視聴者はダンがウルトラセブンだと知ってるんだから、無事だってわかるだろう」って作り方だよ。セブンが宇宙人に操られて、車を焼いたり、ビルを叩き壊して大暴れするのも見ものだね。

月面の防衛軍基地が謎の大爆発を起こす。原因の調査に向かったウルトラ警備隊の前に、恨みを抱き復讐を誓うザンパ星人と怪獣ペテロが出現する。

35 月《げっ》世《せ》界《かい》の戦《せん》慄《りつ》

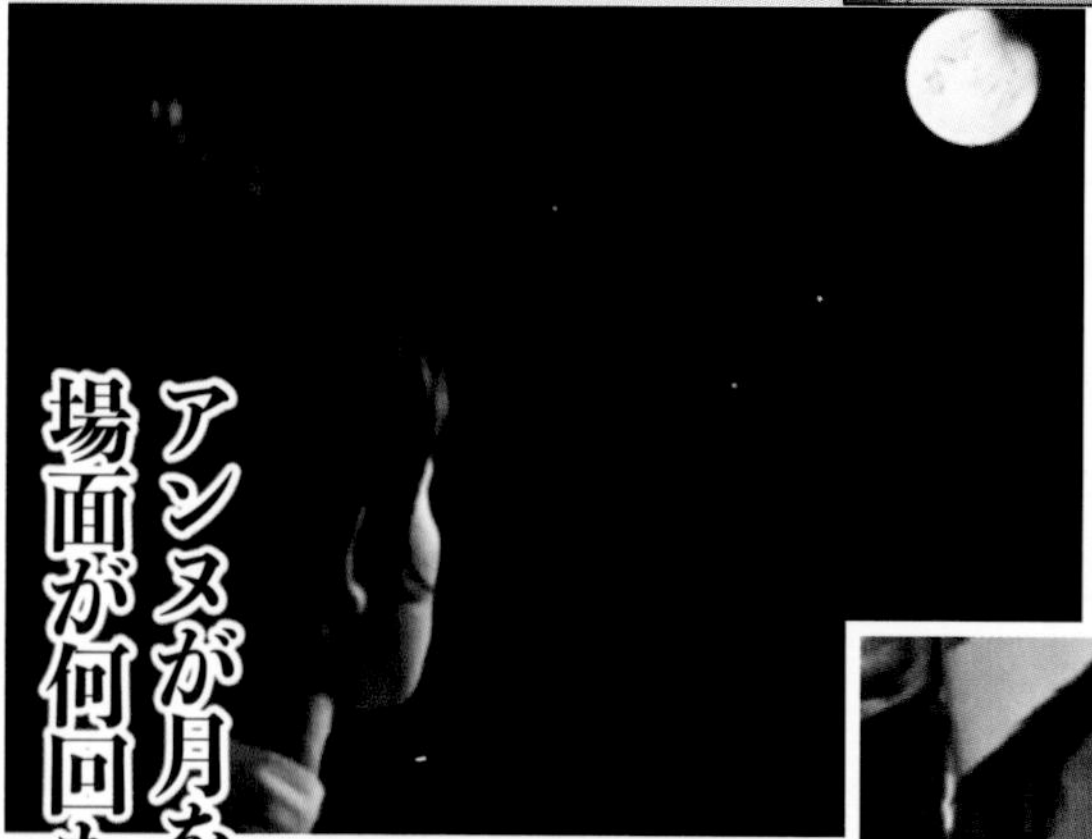

アンヌが健気だしロマンチックだよ。（森次）

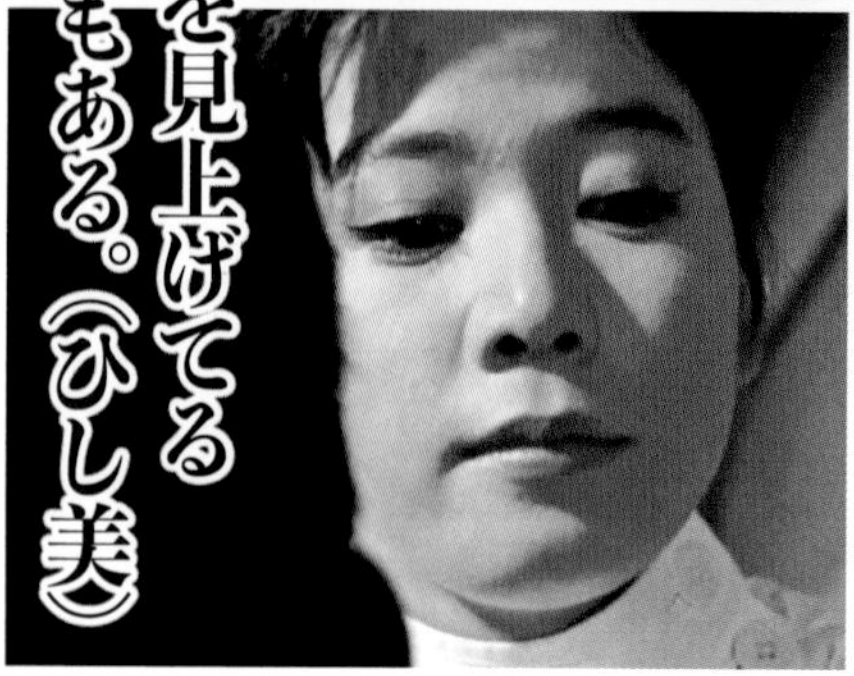

アンヌが月を見上げてる場面が何回もある。（ひし美）

放送第35話 制作No.36　1968年6月2日放送
脚本：市川森一　監督：鈴木俊継　特殊技術：高野宏一
視聴率：16.8%

ダンとキリヤマ隊長が月で危機に

森次　月面基地で謎の爆発が起きて、ダンとキリヤマが月へ向かう。「V3から来た男」のクラタ隊長が再登場するんだ。

ひし美　脚本も「V3から来た男」と同じ市川森一さん。市川さんはクラタ隊長に思い入れが強かったのね。

森次　遠隔操作機とか、月面のセットとか、SFとして力が入ってるよ。でも宇宙ステーションや宇宙船の中でタバコを吸うのはビックリだな（笑）。

ひし美　タバコを吸う人が減るなんて考えもしない時代だもんね。

森次　衣装の宇宙服は「くたびれてるな。使い回しかな」と思ったのを覚えてる。

ひし美　鮮やかなイエローの宇宙服でしょ。私は逆に「お金がかかってそうだな」と思ったの。私の本の『アンヌ今昔物語』のとき調べたんだけど、ゴジラ映画『怪獣総進撃』の流用ですって。

森次　ゴジラの衣装か。作りは立派だったもんな。

ひし美　そんなに古くもないの。「月世

ALIEN&
MONSTER

復讐怪人 ザンパ星人

身長 1.9m
体重 60kg
宇宙船団を撃退されたことに恨みを抱いていた。

月怪獣 ペテロ

身長 60m
体重 7万t
全身が軟体で強烈な水流を放つ。地球防衛軍の月面基地を破壊した。

月の事故調査に向かうダンとキリヤマを見送るアンヌは不安顔。ホーク1号との連絡が途絶えてショックを受ける。

南廣が演じるタフなクラタ隊長が再登場。ザンパ星人が化けたシラハマ隊員は鶴賀二郎。円谷作品は『怪奇大作戦』『マイティジャック』にも出演。

「宇宙服が使い回しだったよ」(森次)。黄色い宇宙服は東宝映画『怪獣総進撃』の衣装の流用。ヘルメットは今回用に新造された。

「帰ってくる……きっと帰ってくるわ」とダンの無事を信じて月を見上げるアンヌ。「ラストがアンヌのアップというのは光栄なことですね」(ひし美)

キリヤマ隊長の口癖が「なに!」なのはファンに知られている。トータル34回で、平均すると1話あたり約0.7回。1位は19話「プロジェクト・ブルー」の3回。今回は0回。
データ協力:山田尚弘

界の戦慄』は1968年6月2日の放送。『怪獣総進撃』は8月公開。イエローの宇宙服のお披露目は、セブンが先になったということね。アンヌは、連絡が途絶えた隊長とダンを心配して、月を見上げる場面が何回もある。

森次 アンヌの顔がお月さんみたいにまん丸だな(笑)。

ひし美 失礼しちゃう。アングルの関係でしょ(笑)。「ダンの帰りを信じて、月を見つめるアンヌのラストカットがとってもロマンチックですね」ってファンの方に言われるのよ。まあ、言われるまで何とも思ってなかったけどね(笑)。

森次 ピンチに陥っても勝てたのは、アンヌの祈りが通じたのかもしれないな。

ひし美 ところで、キリヤマ隊長のセリフって、「なに!」が有名でしょ。「なに!」を何回言ったか数えた人がいてね。

森次 ハハハ、何回なの?

ひし美 シリーズ合計で34回だって。でもこの回は0回だそうよ。

森次 なに!(笑)。けっこう言ってるな。いろんな楽しみ方があるね(笑)。

人工太陽計画の責任者リヒター博士が来日するため、ソガ隊員らが護衛にあたることに。羽田からの移動中に敵との撃ち合いになり、ソガは重症を負ってしまう。

必殺《ひっさつ》の0.1秒《びょう》

36

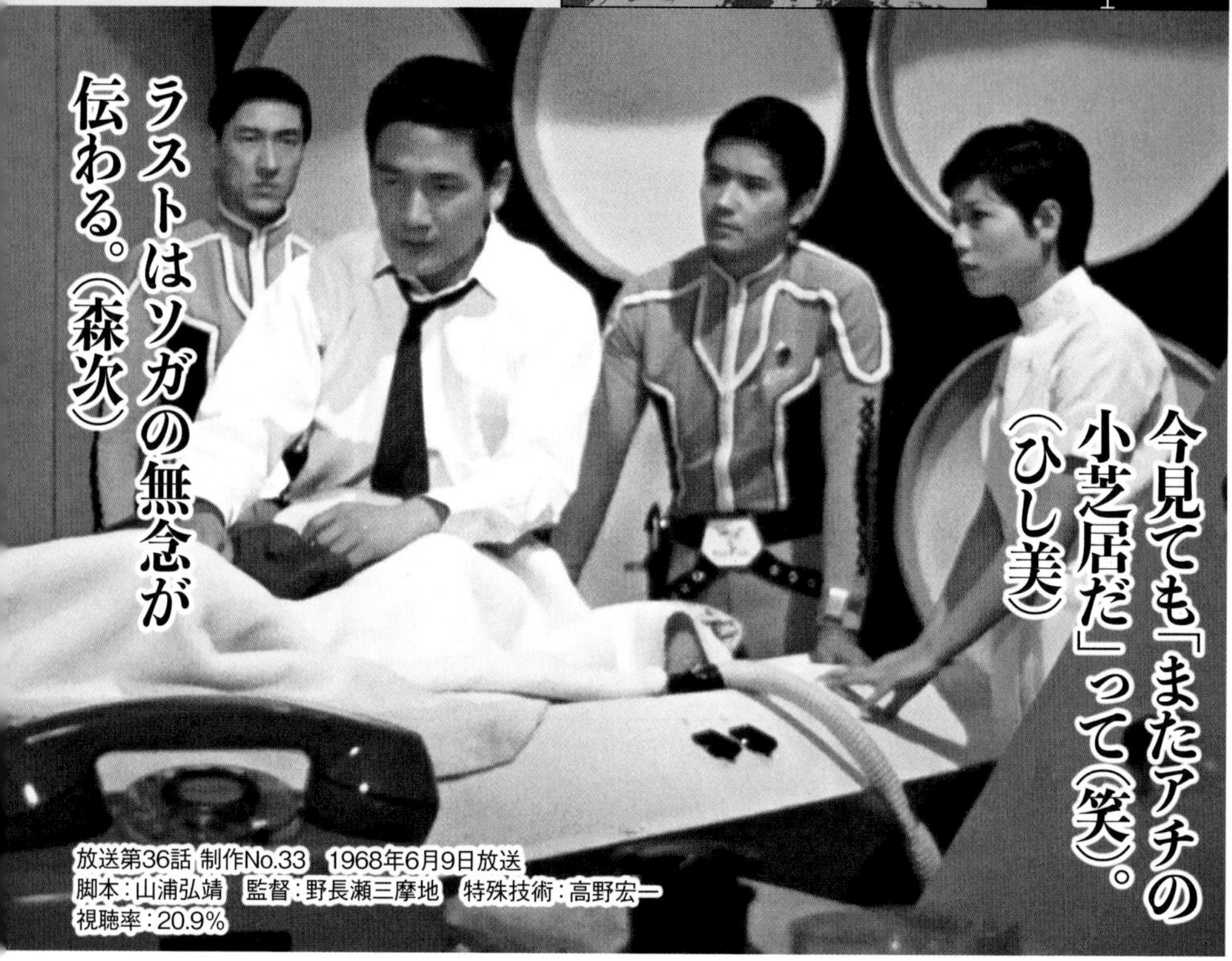

今見ても『またアチの小芝居だ』って（笑）。（ひし美）

ラストはソガの無念が伝わる。（森次）

放送第36話 制作No.33　1968年6月9日放送
脚本：山浦弘靖　監督：野長瀬三摩地　特殊技術：高野宏一
視聴率：20.9%

ライバルを救いたかったソガ

森次　ソガの射撃のライバルのヒロタ隊員が登場する。彼の心に宇宙人がつけこんで、人工太陽計画に関わる科学者暗殺事件が起こる。主役はソガだから、ダンは出番が少ない。

ひし美　私は出番がないと楽で「やった！」だけど、ダンは不満もあった？

森次　不満ということはなくて、隊員一人一人の物語を描き出すために、ダンが出ない回があっていいんじゃないかと。今回は射撃大会の決勝で隊員揃ってソガを応援して、負けると一生懸命に慰めたり、みんなのソガへの思いやりがいいよ。

ひし美　ウルトラ警備隊の全員がいての『セブン』だからね。アチは張り切っていたな。役者なんだから自分をアピールするのは当然だけど、アチは若大将の「ボカア幸せだなあ」みたいに鼻の横を指でこすったり、頭をかいたり、いつも小芝居ばっかりやってた。

森次　隊長の「なに！」と、どっちが多いだろうな（笑）。

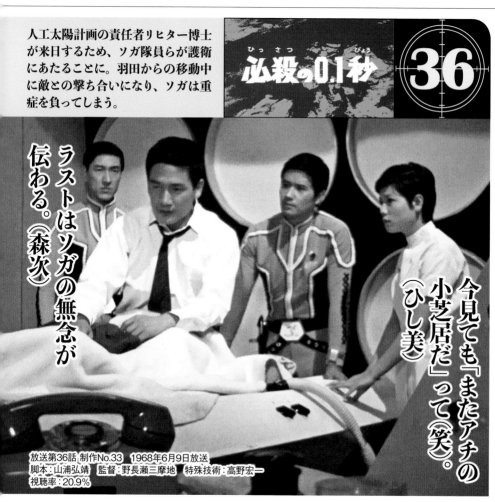

セブン聖地　リヒター博士たちが通る橋

リヒター博士を乗せたヒロタ運転のベンツと護衛先導するポインターが渡るのは奥多摩の昭和橋。黄色から赤に変わりトラス構造に補強されている。

ペガ星人の円盤とセブンの戦い。火薬と爆発が切れ目なく凄まじい。

「アチはいつも銃の構え方を練習していたよ」（森次）

射撃の腕を誇るエリート・ヒロタ隊員。演じた大橋一元は、渋い魅力の二枚目でソガのライバルを好演した。円谷プロ作品『ジャンボーグA』では初期レギュラー。

ヒロタはペガ星人のスパイとなり科学者を暗殺し、ソガも襲った。それでもソガは、ヒロタを目覚めさせ救おうとする。「なあヒロタ、俺たちは同期生じゃないか」。

「ファンの人が気づいたんだけど、冒頭の射撃大会で、アンヌのお腹がピクッとしゃっくりみたいに動くの。恥ずかしい（笑）」（ひし美）

ALIEN

催眠宇宙人 ペガ星人

身長 1.6m
体重 56kg

リヒター博士の人工太陽計画を妨害する。特殊催眠術で人間を操る。

ひし美　今見ても「またやってる」って思うからね（笑）。最初のころ「緑の恐怖」のときに、カメラマンさんが「はい、アンヌのアップいきます。手前に肩を入れるから、ソガ、肩貸して」って言われて、「いいなあ……」って呟いてた。自分もアップで出て何とか目立ちたかったのね。

森次　ソガは射撃の名手という設定だったから、アチは銃を持つ構えをしっかりと練習していた。研究熱心だったよ。八王子に射撃場があって、『セブン』でロケをした際にクレー射撃をやらせてもらったことがあるんだけど、全然当たらない。当てられるのは相当な名人。

ひし美　やっぱりソガはすごいのね。

森次　すごいよ（笑）。特撮はセブンと円盤の戦いの弾着がすごい迫力だ。お話としては完全に刑事ドラマやスパイアクション。ソガはヒロタを救おうと必死だけど、決着をつけることになる。最後はソガの無念が伝わる。

ひし美　カッコよく撮られてるから、きっとアチの二枚目志向も満たされただろうな（笑）。

37 盗《ぬす》まれたウルトラ・アイ

怪しい少女を追ったダンは、崖から落ちて気を失ってしまう。気づくとウルトラアイは盗まれていた。しかもマゼラン星からは地球攻撃用の巨大なミサイルが発射されていた。

僕はこの回が結構、好きなんだ。（森次）

荒れた時代を映してるのね。（ひし美）

放送第37話 制作No.37　1968年6月16日放送
脚本：市川森一　監督：鈴木俊継　特殊技術：高野宏一
視聴率：17.9％

孤独な宇宙人同士の物語

森次　台本のタイトルは「他人の星」っていう素っ気なさ。『セブン』の中でも指折りの救いのない話だよ。でも名作だ。

ひし美　地球を破壊に来たマゼラン星人マヤ役の吉田ゆりさんは、今は香野百合子さんとして活躍されてる。当時は17歳。私は接点がなかったけど、どんな子だった？

森次　現場でも物静かで、素でもマヤの雰囲気に近かった。「マヤという役がピッタリ合っている子だな」って思った。だから今見てもマヤに感情移入するし、やはりホン（脚本）的にもいいし。僕はこの回が結構、好きなんだ。

ひし美　地下のスナックで若者たちがゴーゴーを踊るシーンとか、すごくアングラ。『セブン』とは思えない画面で子供たちは驚いたでしょうね。

森次　僕も上京して、新宿でフーテンって言われる若者だった時期があった。その時に危険な薬物に溺れた若者を見たことがあるよ。階段の壁に自分の頭をガン

ALIEN

マヤを捜すため基地から消えたダン。「わたくしが代わりに…」。ダンの苦悩を察したのか、代わりにホークに乗り込むアンヌの立ち回りも印象に残る。

マゼラン星人マヤ

身長 1.6m

体重 40kg

地球を恒星間弾道弾で破壊しようとするマゼラン星人の先兵。ウルトラアイを奪った。

ダンとマヤがテレパシーと表情で会話するシーンは出色。「お互いに声を出さなくて、静かだった。怪獣が出てこないしセブンの活躍も少ない話。役者の力でシーンを作り上げているんだよ」（森次）

セブン聖地　新宿東口中央通り

撮影日は1968年4月25日木曜日で、美セン（東京美術センター）から18時に新宿ロケに出発し、21時に現場終了。町の賑わいは19時から20時台と思われる。ラストの噴水は「ダーク・ゾーン」などと同じ世田谷区立総合運動場。

「何故、他の星ででも生きようとしなかったんだ…。僕だって、同じ宇宙人じゃないか…」。自らの命を絶ったマヤに語りかけるダン。夜間撮影は高感度フィルム「トライX」が特別に用意された。

ガンぶつけている人がいたり、血だらけで倒れている奴がいたり……。

ひし美　「こんな星、侵略する価値があると思って?」ってマヤが笑うのはゾッとしない?　荒れた時代を映してるのね。怪獣も宇宙人も出なくても、ある意味で一番怖い（笑）。

森次　『セブン』には時代を経ても通用するテーマがあるっていうけど、この話の若者たちも、今の若者と似てるかもしれないぞ。脚本は市川森一さん。当時、予算をかけない作品を市川さんは割り当てられてるように思えたな。ダンにとってマヤは同じ宇宙人だから、離れた星にいる孤独や悲しみがよくわかる。だからマヤが自分の星に裏切られ捨てられると、自分と重ねて怒りを覚える。当然そこは頭に入れて演じたよ。

ひし美　ラストは新宿のロケ。

森次　夜の街を隊員服で歩くんだけど、恥ずかしくないと言ったらウソになる。通行人には「なんだなんだ?」と思われただろう。でも救いのないドラマのラストとして、孤独なダンはベストだったよ。

深い霧が立ちこめる箱根山中で、自動車が30台消えてしまうという事件が起こる。ウルトラ警備隊が出動すると、霧の中から巨大なロボットが現れた。

38 勇気《ゆうき》ある戦《たたか》い

アンヌもレーザーガンでロボットを攻撃して頑張るの。（ひし美）
ケガをした演技はやりがいがあるよ。（森次）
OPERATING R
放送第38話 制作No.40　1968年6月23日放送
脚本：佐々木守　監督：飯島敏宏　特殊技術：高野宏一
視聴率：19.5%

約束に命を懸けるダンとセブン

ひし美　心臓手術を怖がる少年にダンが勇気を教える。当時、日本初の心臓移植手術が話題で、それをヒントに脚本を書いたんじゃないかしら?

森次　心臓移植のほか、交通渋滞も当時の話題だった。そんな時事ネタに宇宙から来たロボットが絡むってのが『セブン』らしいよ。しかもロボットを操ってるのは鉄不足の星の宇宙人。資源問題にも斬り込んでる。

ひし美　38話から40話の三本は、『ウルトラマン』でメイン監督だった飯島敏宏監督が初めて『セブン』を撮ったのね。演技指導が丁寧で、ラストでアンヌがタンポポの綿毛を吹くところも、「こうやってください」って言われたままにやってる。アンヌもロボットね(笑)。

森次　飯島監督は紳士だし名監督だよ。「信じるんだ、オサムくんも。人間の科学は人間を幸せにするためにあるんだと」とダンが熱いセリフを言うあたりも丁寧に撮られてる。最終回もだけど、ケ

クレージーゴンが掴んだ車の中で悲鳴を上げるアンヌ。窓にアンヌが合成されている。見ごたえある特撮シーンが多いエピソード。

心臓手術を受ける治少年は吉田次昭(旧芸名・継明)「京唄子さんに似てるでしょ？って笑わせるお茶目な子でした」(ひし美)

ダンは治の手術に立ち会うと約束する。その約束を守るために、二度もセブンに変身してまで「勇気ある戦い」に挑んだ。

スマートガンを手に応戦するアンヌも勇気ある戦いを見せた。「髪は切り過ぎてベティさんみたい(笑)」(ひし美)

MONSTER

ロボット怪獣
クレージーゴン

身長 42m
体重 3万t

バンダ星人が操るロボット。鉄を得るために地球の自動車を狙った。

ラストで車椅子を押され、治の姉・ゆき子(演：川口恵子)と握手するダン。それを見てアンヌは綿毛をひと吹き、ちょっとしたヤキモチ。「飯島監督は“こうやってごらん”と優しくて丁寧な演出でした」(ひし美)

ガをした演技はやりがいがあるよ。足を引きずる動きや、血糊で工夫できるから。

ひし美　私は血糊の経験ってないの。どうやるの？

森次　自分でイメージして、メイクさんに「こういう風に」って付けてもらった。それで包帯を巻く。日にちを跨ぐと苦労するよ。巻き方が違ったら画が繋がらないからね。記録さんがチェックして、自分でも気をつけてたよ。

ひし美　ケガのメイクはすぐ取れるの？

森次　いや、時間がかかると血糊はベターッとくっついちゃって、メイク落としのコールドクリームなんかじゃ取れない。ベンジンで拭くんだよ。

ひし美　ご飯のときもメイクしたままだったでしょ？

森次　傷のついた顔で食ってたよ(笑)。

ひし美　特撮がすごいのね。ロボットがアンヌの乗ってる車を掴んで、落としてセブンがキャッチするし、アンヌもレーザーガンでロボットを攻撃して頑張るの。

森次　ビルなどの壊しも派手で、久々の飯島監督で大サービスって感じだな(笑)。

ウルトラセブンの弱点を探り暗殺を謀るガッツ星人は、セブンを追い詰め、十字架に磔にしてしまう。ウルトラ警備隊は、果たしてセブンの救出に成功するのか。

セブン暗殺計画《あんさつけいかく》〔前篇〕

39
40

伏線や逆転劇の連続で手に汗握るよ。（森次）

アンヌも顔面が、玉の汗なの。（ひし美）

放送第39、40話 制作No.38、39　1968年6月30日、7月7日放送
脚本：藤川桂介　監督：飯島敏宏　特殊技術：高野宏一
視聴率：前篇18.2%　後編19.2%

ショッキングな題名の人気作！

森次　前後編なのに、ダンは休みみたいなもんだ。セブンがずっと磔《はりつけ》にされてるからね（笑）。伏線や逆転劇の連続で手に汗握るよ。ガッツ星人の不気味さとか照明も上手いし、特撮と本編の映像の組み合わせも、本当にお見事だ。

ひし美　さすがダン。私はそんなのよく分からない（笑）。

森次　特撮は役者を生かすも殺すも編集次第ってところが大きいよ。監督は飯島敏宏さんで、特撮は高野宏一さんの名コンビ。本編班と特撮班で、しっかり打ち合わせしたんだろうね。両方のシーンがうまく絡んでる。僕らは特撮の現場には関わらないけど、特撮班の苦労を知ってるから、うまく行ってるとうれしい。

ひし美　ダンは飯島監督の印象ってどうだった？

森次　実は『セブン』ではあまり印象がないんだ。飯島作品は三本だけだし、今回の前後編でダンは出番が少ないからね。それに物静かで優しい方でしょ。強烈な

ALIEN&
MONSTER

分身宇宙人 ガッツ星人
身長 2〜40m
体重 200kg〜1万 t
分身で翻弄し、捕らえたセブンを磔にして地球人の戦意を削ごうとした。

豪力怪獣 アロン
身長 45m
体重 1万3千 t
ウルトラセブンの能力を調べるために送り込まれた、ガッツ星人の操る怪獣。

セブン聖地　ポインターの通る橋
ガッツ星人がダンを襲うシーンで、ダン運転のポインターが走る橋は、神奈川県相模原市緑区の道志橋。

爆破されポインターが転落する！ もちろんミニチュア。

ガッツ星人は怪獣アロンを囮《おとり》にしてセブンの能力を分析した。「セブンヲ倒ス暗殺計画ハ完了シタ！」。冒頭からただならぬ危機感が漂う。

夜の丸の内にガッツ星人が出現。「ダメダメ、しっかりしなくちゃ！」とアンヌ。台本では悲鳴を上げるだけ。飯島監督らしいユーモラスな味付けだ。

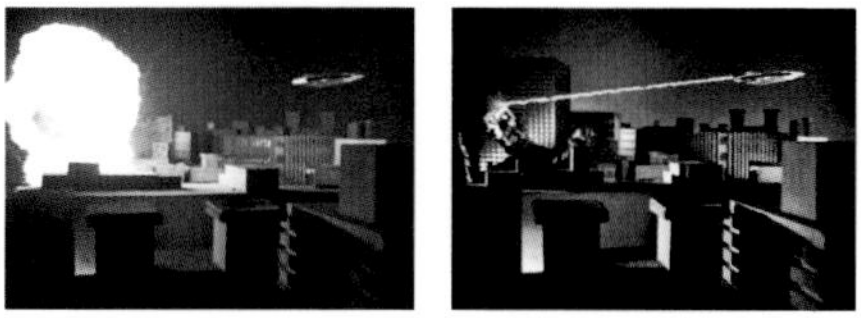

カプセル怪獣ウインダムは、見せしめに電子頭脳を破壊され処刑される。何度見ても衝撃のシーンだ。

「アンヌが救急箱を持って走るシーンで、救急箱がなくて私のアタッシュケース風のバッグに赤いテープを十文字に貼り付け、救急箱に！ 小道具さんの見事な機転でした」（ひし美）

印象がないのは、飯島監督のうまさの証拠じゃないの。

ひし美　なるほどね。私はずっと、近寄りがたい方なのよ。怖くないし、本当にお優しいんだけど、真面目な方の前ですごく緊張するの。最近もそう。円谷のイベントで楽屋にいたら、満田稔監督が見えて、「どうも〜」なんて腰かけたまま会釈したのに、飯島監督が見えたら「お疲れ様です！」って勢いよく立ち上がってお辞儀しちゃった。お二方とも、ごめんなさい（笑）。

森次　アンヌったらもう（笑）。飯島監督の映画『ホームカミング』にも出たけど、美術は『セブン』と同じ池谷仙克さんだった。池ちゃんは人懐っこくて、『セブン』で朝、撮影所に入ると、作業をしながら「おはよう」って必ず声をかけてくれた。ずっと実相寺監督の右腕として活躍していたから、才能があったんじゃないかな。

ひし美　池ちゃんは優しくて、『セブン』美術のバイト女子学生たちの憧れの的だったな。私も『海潮音』って映画で池ちゃんが美術の担当だった。

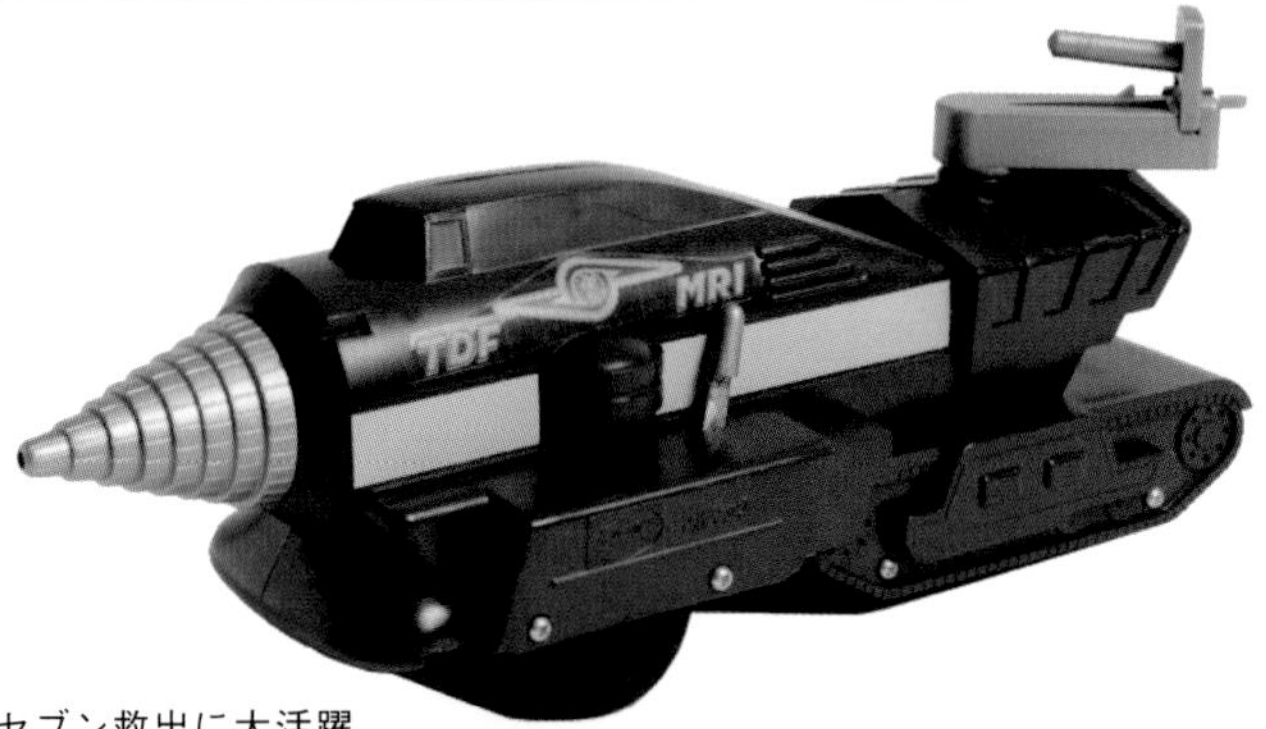

ダンが見つからず涙ぐむ。「泣く演技は苦手。涙は目薬よ……」（ひし美）

セブン救出に大活躍したマグマライザーのプラ玩具。ドリルが回り、ゼンマイで走り、ミサイルを発射する。

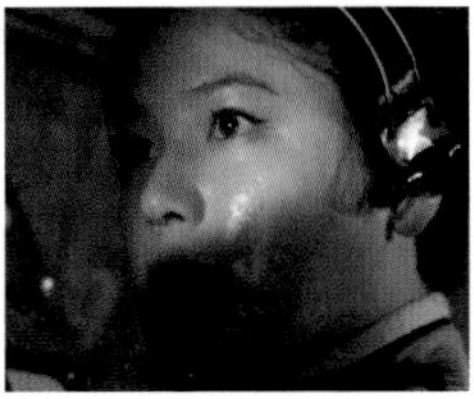

絶対に失敗は許されないセブン救出作戦のアンヌ。「玉のような脂汗が」（ひし美）。「顔に油を塗って水を付けると弾いて、光る汗になるんだよな」（森次）

ラストシーンは輪になってダンを突き飛ばす。「みんな本気でふざけてる（笑）」（森次）

サブタイトルの前篇は「篇」だが、なぜか後編は「編」。

セブン聖地　セブンが磔にされた十字架

磔の十字架を人々が眺めるのは、現在の神奈川県相模原市緑区の「さがみ湖リゾート プレジャーフォレスト」の駐車場付近。「プロレスラーの力道山がゴルフ場開発に買った広大な土地で、1963年に力道山が亡くなって事業がストップしても、このへんは"力道山"とよばれていました」（ひし美）。

森次　このガッツ星人も池ちゃんのデザインだろ。センスあるよ。色や模様がきれいで。夜の丸の内でガッツ星人とダンとアンヌの撮影をやったんだな。

ひし美　そう。アンヌはガッツ星人が出ると目を手で覆って、指の隙間からこわごわ覗くのが面白いって言われるんだけど、あれは飯島監督が「こうしてください」ってご自分で目を隠してやってくださったの。私は自分じゃ何も考えつかないし、言われないと何もしないリモート女優（笑）。

森次　アンヌは、たくさんの宇宙人や怪獣と戦ってきたのに、何を急に怖気づいたんだ？　「絶対逃げないわ！」なんて強がるし（笑）。

ひし美　うーん……私に聞かないで！（笑）。

森次　このときアンヌはかなりショートカットだな。

ひし美　フランスの女優、ジーン・セバーグを意識したんだけど、残念ながら似ても似つかなかった。それでウィッグを買ったから、次回は急にロングヘアなのよ（笑）。

ぼくの　わたしの　そばにいた　ダンとアンヌ

昭和レトロ感あふれる放送当時のグッズ。『ウルトラセブン』商品はメイン視聴者の男児のみならず、アンヌをフィーチャーして女児へのアピールも図られた。　資料・写真協力：三浦徹

キリッとしたダンと、かわいいアンヌの子供用食器。メトロン星人のちゃぶ台に載せたい。

時間割、メモ帳、コインケースなどがセットされたサンスター「ビニパス」。ダンとアンヌのスチールから起こしたイラストが使用され、本書カバーと類似。

東屋の子供用サンダル「プラリリー」は箱にダンとアンヌが。

ウルトラセブンが脇役のような箸、マドラー、スプーン。

朝日ソノラマのソノシート「恐怖の怪獣狩り」。ミニドラマはテレビと同じ配役。ピット星人が変身したニセアンヌをひし美が演じ、正体がばれた高笑い演技がインパクト大。

エルムの鉛筆削りはアンヌ柄もあった。箱の四面パノラマ絵柄が素晴らしい。

女児向けの手提げ。ピンクの制服とふっくらヘア。もはや誰だか謎だ。

森次　セブンが信号を出してウルトラ警備隊に助けを求めるってアイデアが意外だし、ウルトラ警備隊がセブンを救おうと一丸になって戦うのが燃えるよ。

ひし美　いよいよセブンの死刑執行ってとき、セブンを復活させるエネルギーを積んだマグマライザーが現れて突撃するのよね。乗ってる全員の顔が汗でギラギラ光ってる。アンヌも顔一面が、玉の汗なの。

森次　いかにも決死の戦い。飯島監督のうまさだよ。

ひし美　ラストは、ダンが大の字に倒れてて隊員みんなが見つける。

森次　やっと出番だよ（笑）。みんなダンを胴上げして、輪になって突き飛ばして遊ぶ。全員が本気でふざけてるのがよかったね。台本には書かれてないよ。

ひし美　そうそう、その場で飯島監督に急に「みんなで突き飛ばして」って言われたの。だから「え？」って、自然で面白いシーンになったんでしょうね。飯島監督の狙いかな。観てる人も楽しいし、ウルトラ警備隊に親近感が湧くわよね。

伊集湖にカッパが出るという噂が広まる中、未確認飛行物体を追うウルトラ警備隊も湖の調査に赴く。どうやら水中には何かが存在しているらしい。

水中《すいちゅう》からの挑戦《ちょうせん》 41

屁のカッパってやつだ（笑）。（森次）

さすが百戦錬磨のセブンスタッフ。（ひし美）

放送第41話 制作No.42　1968年7月14日放送
脚本：若槻文三　監督：満田稍　特殊技術：高野宏一
視聴率：16.7%

個性派キャストのコミカル編

森次　カッパそっくりのテペト星人が出て全体にコミカルだ。しかし夜の森を徘徊するテペト星人は怖いし、湖のシーンは、本編のロケも特撮セットも迫力があるよ。大村千吉さんが、宇宙人を目撃して「カッパー！」って叫ぶけど、あなたのほうがよっぽどカッパだよって（笑）。

ひし美　カッパが大好きな日本カッパクラブがいい味を出してるわよね。

森次　いいよね。夜の湖畔でテペト星人を見かけるんだけど、調査に来てるウルトラ警備隊だと思って、「ごくろうさーん！」とか言ってさ（笑）。

ひし美　個性派ゲストの中で梅津栄さんが特に印象に残ってる。「俳優になった動機は、きれいな女優さんと共演できるからだよ」なんて笑わせてくれたの（笑）。

森次　『セブン』裏話としちゃ、この回のマムシさんは最強だろう。

ひし美　シュワッチ事件ね。マムシさんが、待ち時間にお酒を飲み過ぎて、へべれけで「俺はウルトラマンだ〜！　シュ

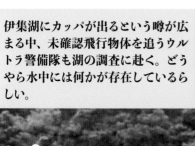

セブン聖地　伊集湖

劇中で伊集湖と呼ばれる湖は、神奈川県の津久井湖と、静岡県の一碧湖でロケ。ウルトラ警備隊がボートで湖を調査するシーンなどが一碧湖。湖畔のシーンは砧公園も使われている。

カッパそっくりの宇宙人を目撃する、カッパそっくりの釣り人。「大村千吉さんの芝居は現場で"面白いなあ"って感心して見てた」(森次)

カッパクラブ会員で犠牲になる武村は個性派の梅津栄。「書家としても活躍されて、有名な"海人"ってTシャツの字も梅津さんですって」(ひし美)

フルハシのろれつが回らなかったのは、このシーン。「だけどなあアンヌ。カッパを見たという人が十数人も――」というセリフはダンに振り替えられた。今回はアンヌのロングヘアが初お目見え。

戦況不利のテペトは土下座して許しを請う。油断したセブンの足元をすくうが、怒ったセブンにアイスラッガーで真っ二つにされた。「ダンもセブンも騙されやすい」(森次)

ALIEN&MONSTER

カッパ怪獣
テペト

身長 38m
体重 8千t

テペト星人に操られる怪獣。頭の皿から発射する光線が武器。

水棲怪人
テペト星人

身長 1.8m
体重 55kg

伊集湖の湖底に潜み、地球侵略を企むカッパに似た宇宙人。

ワッ！」って店の二階の窓から飛び降りてね（笑）。

森次　飛ぶかね（笑）。しかもマムシさんは現場に戻ってセリフがあったんだけど、ろれつが回らなくて、僕のセリフに振り替えられた。最近会ったら、さすがのマムシさんも覚えていたよ（笑）。

ひし美　見直すと湖のシーンは、アマギ隊員が浮かんでくるテペト星人をバンバン撃ったり、たいへんな撮影よね。

森次　テペト星人は本当に湖に潜ってて浮かんでくるし、背泳ぎするし、マスクを被ってよくやったもんだ。

ひし美　さすが百戦錬磨のスタッフ。

森次　これくらい屁のカッパってやつだ（笑）。

ひし美　うまい（笑）。ラストはダンとアンヌがモーターボートで突っ走る。

森次　完全にデートだよな（笑）。最後は「俺たちが見たのは正真正銘の宇宙人だ。カッパじゃない。カッパは他にいるんだ、他に！」って日本カッパクラブが力説する。子供たちに夢を持たせる終わりなのがいいな。

海辺のダンとアンヌの元に一人の少年が現れて「海底はノンマルトのものだから侵略してはならない」と警告する。その時、海底開発センターのシーホース号が爆発、沈没する。

ノンマルトの使者《ししゃ》 42

少年の話を聞いたアンヌは「まさか、まさか」って言うのがやっと。（ひし美）

ダンは宇宙人だから、違うifもあったはずで。（森次）

放送第42話 制作No.41　1968年7月21日放送
脚本：金城哲夫　監督：満田稔　特殊技術：高野宏一
視聴率：19.6%

「これでよかったのかな？」

森次　人類が実は悪なんじゃないかという衝撃的な話だし、ダンとアンヌのお話としても見どころが多い回だよ。海底からノンマルトという民族が人類に宣戦布告してきて、真市という少年の話では、悪いのは彼らを地上から追い出して、海に追いやった人間の方だというんだ。

ひし美　少年の話を聞いてアンヌは、「まさか、まさか」って言うのがやっと。

森次　何が正しいか分からないまま人間とノンマルトの戦いは激しくなって、ウルトラセブンであるダンは迷う。でも「真市くん、僕は戦わなくてはならないんだ！」と、人間を守るために戦う。そしてノンマルトが壊滅するという、悲しい結末を迎えてしまうんだ。

ひし美　爆破のあとにアンヌがヘルメットを外して、浮かない表情をするけど、あそこは満田監督に「これでよかったのかな？　っていう顔でやってくれ」って言われてやったの。いい表情だってけっこう褒められるけど、最近、満田監督に

真市少年(演：町田勝紀)と対峙するダン。「町田くんは、真市くんにぴったりだと思ったね。普通の子なのが良かったんだと思うよ」(森次)

銛で捕った魚をアンヌに見せるダン。「ダンとアンヌのシーンは、満田さんがこだわって、大事に撮ってくれた」(森次)。「魚は買って用意したって満田監督が(笑)」(ひし美)

「真市役の町田くんは、消息を探しているんだけど不明なの。満田監督によると“現場では一人でいて喋らなくて、孤独な役作りのためにみんなから離れてる感じだった、そうしろって劇団に言われたんだろう”って。頬のホクロは付けボクロね」(ひし美)

ラフな私服の二人。「この回は、水着とかいろいろな衣装が着られたから好き(笑)」(ひし美)

ALIEN&MONSTER

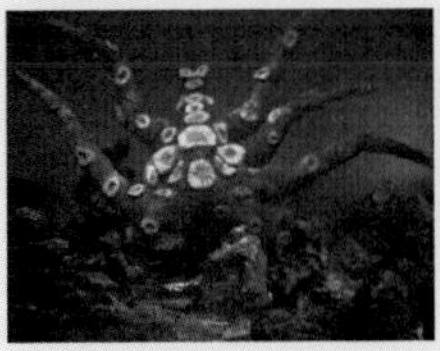

蛸怪獣 **ガイロス**

身長　30m

体重　1万t

吸盤のついた6本の触手を敵に巻きつけ、怪力で締め上げる。

地球原人 **ノンマルト**

身長　1.7m

体重　70kg

地球の先住民といわれ、海底に暮らしていたが、人類の海底開発に危機感を抱く。

「あんなにものを考えてるアンヌの顔は珍しいな」って言われて、大笑いしたわよ(笑)。

森次　あれはいい表情だな。「これでよかったのかな?」はダンもだね。隊長たちは地球人で、常に人間を守る立場だけど、ダンは宇宙人だから違うifもあったはずでさ。「本当に地球人は侵略者だったんですか?」って僕に質問するファンもいるけど、ごめんね、知らないよ(笑)。のちの『平成ウルトラセブン』シリーズで、この話を土台にしたエピソードもある。何十年経っても、多くの人の心に突き刺さっているんだな。

ひし美　私もこのエピソードが『セブン』で一番好きって言ってるの。理由は、いつもの隊員服じゃない、水着や私服のアンヌが気に入ってるからだけどね(笑)。でも私は答えがわからないものは苦手。どっちつかずじゃなくハッキリしてよ！って思っちゃう(笑)。

森次　アンヌは正直だな(笑)。でも、その曖昧さが、この話が多くの人に高く評価されている理由なんだよな。

アンヌと真市が対峙するシーンでは、海のきらめきでシルエットにしたかったと満田監督。「でも光がうまくいかなくて、イメージは最終回に活かされたんだって」（ひし美）

「真市の声を聞いて駆けるシーン。私が速く走りすぎてダンを抜いちゃって、監督が“アンヌ、もっとゆっくり”って言ったって。元陸上部だから（笑）」（ひし美）

セブン聖地　真市少年と会う浜

物語の主な舞台となる浜は伊豆の入田浜。ダンが上がってきた岩場も、真市がオカリナを吹いていた岩も変わらない。三浦半島の三戸海岸でもロケが行われた。

ヘルメットを取り、憂いの表情を見せるアンヌ。「もう監督のおっしゃるとおり、意味も考えずやっただけですよ（笑）」（ひし美）。長い髪がヘルメットから広がるのもシーンを印象的にしている。

真市の墓を見つける衝撃のラスト。ノンマルトの正体同様、彼も本当にノンマルトの使者だったのか、結局明かされることはなかった。「この回の中では謎が解けていないんだ」（森次）

ひし美　うん、わかる。謎が楽しい人がいるのもわかる。ごめんね、私はウソがつけない女で（笑）。

森次　女性は謎があるから魅力的みたいなのと同じだ。アンヌもね。

ひし美　謎の宇宙人に言われたくないわよ（笑）。このお話は、満田監督と金城さんがバーで飲んでいて、「地球人って本当に最初から地球人だったのかな」って満田監督が何気なく呟いて、それを聞いた金城さんが「面白いものが書けそうだ」って言って、そこから出来上がったものなんだって。

森次　名コンビに降りてきた傑作だな。

ひし美　それと岩場でアンヌと少年が話すシーンは、本当は海をバックに二人のシルエットで撮りたかったんだって。

森次　え、二人のシルエットって、最終回みたいな場面じゃないか。

ひし美　そう、だからその心残りが、最終回のダンとアンヌのシルエットになったんだっておっしゃってた。

森次　なるほどね。出演していた者も知らなくて、50年以上が過ぎてから初めて

隊員服を脱いだダンとアンヌ

隊員服以外もスタイリッシュにキマる二人の名場面集！

『セブン』ではダンとアンヌを中心に多彩な衣装が見られた。任務で変装を行ったり、私生活の描写に合う服を着用したりと、外見からも多様なキャラクター性を表現している。

第15話

第34話

第42話

第46話

第10話

第8話

第28話

第28話

第22話

第15話

第42話

第46話

聞くことがまだまだある。だからこうやって、アンヌやみんなと『セブン』の話をするのはやめられないな。

ひし美　冒頭の海水浴を見て思い出したけど、ダンは日焼けしてるじゃない？撮影は5月なのにね。思えばダンは、よく美センで空き時間に、シャツを脱いで上半身裸になって歩いてた。モデル出身だし、あれは焼いてたのね。

森次　うん、撮影が忙しくて海に行く暇はないけど、せめてと思って体を焼いてた。昔も今も、藤沢にいても陸《おか》サーファーだよ（笑）。この回ではダンとアンヌのほのぼのとしたシーンも、満田さんが大事に撮ってくれてる。

ひし美　あと、この話で忘れられないのがオカリナね。これも最近知ったけど、オカリナは台本には出てこないの。満田監督は「バカヤロウ！」って少年がオカリナを叩き壊すのがいいなって、入れたんだって。少年の怒りを表わそうとしてね。

森次　すごいな満っちゃん。あの物悲しい調べ。忘れられないもんな。

長距離ロケット・スコーピオン号がテスト中に軌道をはずれ、地球にそっくりな第四惑星に到着する。そこはロボットが人間を支配するおそろしい星だった。

第《だい》四惑星《わくせい》の悪夢《あくむ》 43

放送第43話 制作No.43　1968年7月28日放送
脚本:川崎高、上原正三　監督:実相寺昭雄　特殊技術:高野宏一
視聴率:21.5%

実相寺さんには、作戦室のアクリル板にぼんやり映ったアンヌの顔が一番のお気に入りって言われた。(ひし美)

「監督、なんですか、これは?」とは聞かず、自分で考えて芝居した。(森次)

「監督、なんですか、これは?」

ひし美　実相寺昭雄監督ならではの異色作。

森次　人間が残酷なロボットに支配されて腑抜けみたいになってる。

ひし美　以前、実相寺さんと対談したときには、銃殺シーンに抵抗や拒否感があって、受け入れづらいって直接伝えたの。ただ、今は感想が変わって、傑作だなって思ってる。人々を支配する署長がアメをなめながらムチを持っていて、つまり「アメとムチ」でてなづけてるということで、すごい発想!

森次　ロボット長官の顔が開くシーンにも驚いた。合成も凝っていて、光学撮影の中野稔さんが「役者は動かないで!」って、指示がうるさいうるさい(笑)。ウルトラガンを撃つときもそうだったな。「ここまできちっとしないと合成や光線は描けないんだな」とも思ったね。

ひし美　『セブン』のスタッフにはこだわりの人が多かったのね。

森次　実相寺監督はアングルや画にこだ

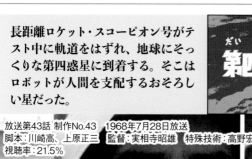

セブン聖地　下駄占いの陸橋

ラストの下駄占いは東名高速の上に架かる境橋。東急たまプラーザ駅近くにある。『セブン』当時は長閑な風景だが、近年は交通量が多く隔世の感がある。

ロボット長官の頭が開閉する様子に、それぞれ驚くダンとソガ。「芝居に関しては、実相寺監督からはあまり口出しされなかったな」(森次)

実相寺監督が気に入っていたという、アクリル板に映るアンヌ。「鬼才が考えることって不思議(笑)」(ひし美)

銃殺シーンをはじめ、ゴダールのSF映画『アルファヴィル』の影響が散見される。「今は傑作だなって思ってる」(ひし美)

人間を弾圧するロボット長官(演：成瀬昌彦)、署長(演：森塚敏)。成瀬は29話ではプロテ星人の仁羽教授。「同じ役者には見えないね」(森次)

ALIEN

第四惑星アンドロイド
ロボット署長

ロボット長官に従い、第四惑星の治安を維持する。つねにアメを口に入れている。

第四惑星アンドロイド
ロボット長官

身長 1.65m
体重 160kg

第四惑星を支配しているロボット。地球侵略を計画していた。

わって、思い描く構図の中に、役者がハマってくれなきゃ困るわけだ。

ひし美　立ち位置などは言われても芝居は何も言われなかったわよね。

森次　そう、芝居は何も言われなかった。ロボットが講釈する場面は「監督、なんですか、これは?」と思うけど、自分で考えた。ロボット長官に呆然とするリアクションも自分で考えて芝居した。

ひし美　ロボット長官の話を聞くダンのボーッとした表情も、指示じゃなくてダン自身の考えだったんだ。

森次　秘書に暴力をふるったり、内容がサディスティックなところは、監督の趣味なんじゃないかな。ラストシーンは、ふたりが下駄を履いている。確かにただの靴じゃ面白くない。服装も下駄に合うバンカラな感じになっている。

ひし美　下駄とかちゃぶ台を出すのは、実相寺さんくらいね。実相寺さんとの対談のときに、この回に出てくる作戦室のアクリル板にぼんやり映ったアンヌの顔が一番のお気に入りって言われた。鬼才が考えることって不思議(笑)。

住宅街で二人の警官が何者かに殺された。目撃証言からモンキーランドを調査するダンとアンヌ。本部に戻ろうとするが、ポインターのエンジンがなぜか壊されていた…。

恐怖《きょうふ》の超猿人《ちょうえんじん》 44

放送第44話 制作No.45　1968年8月4日放送
脚本：上原正三、市川森一　監督：鈴木俊継　特殊技術：大木淳
視聴率：19.2％

アンヌが恐怖に怯えるホラー編

ひし美　愛知ロケで、『セブン』の中ではホラーっぽい作品だわね。アンヌがいっぱい悲鳴を上げるの（笑）。

森次　当時は映画『猿の惑星』が話題だったんだよな。脳の改造手術とかゾッとするよな。セブンでは久々のロケだったけど、例によって忙しくて、観光なんて余裕はなかったね（笑）。

ひし美　私もロケ中に40度を超える熱を出して、たいへんだったから観光なんてとても。

森次　そんな風には見えなかったな。

ひし美　うん、抗生物質を飲んで一晩、大きないびきをかいて寝たら、次の日にはケロッと平熱になって復活（笑）。モンキーセンターは２００８年にロケ地巡りで行ったの。

森次　今も変わってないんじゃないの？

ひし美　モンキーセンターの園長さんに丁寧に案内していただいたんだけど、ゴールデンライオンタマリンの剥製もあったわ。ゴーロン星人が化けた猿。ダンが

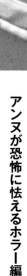

ALIEN&MONSTER

猿人　ゴリー

身長　2m
体重　70kg

ゴーロン星人によって猿人間にされた飼育員。

宇宙猿人　ゴーロン星人

身長　35m
体重　8千t

脳波交換装置で、人間を猿人間にしようと企む。

部屋で寛ぐアンヌのシーンでは、ベルトやホルスターを外した隊員服という、貴重な姿を見ることが。

ポインターが故障しているシーンでは、モンキーセンターの建物が一望できる。「あまり見ない造りの建物だったな」（森次）

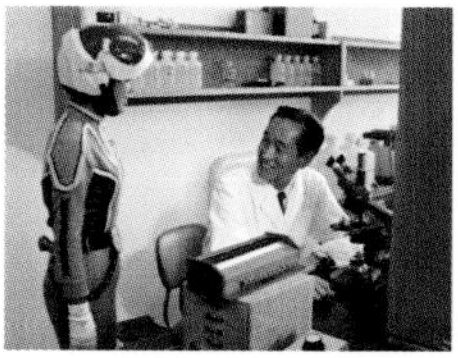

増田順司演じる真山博士は、3年ぶりに再会したアンヌの知人という役どころ。

手術台に載せられて脳改造寸前のアンヌ。ひし美は怪奇映画のヒロイン的立ち回りを熱演している。

近年

当時

セブン聖地　日本モンキーランド

ロケに使われたのは愛知県犬山市の日本モンキーセンター。前庭や建物など変化は少なく、50年を過ぎても当時の雰囲気が残る。

木曽川の日本ライン下りの撮影時、ひし美は40度の高熱での撮影だった。「抗生物質を飲んで一晩寝たら、ケロッと復活（笑）」（ひし美）

「これも猿だろうか？　待てよ……？」って言っていた、お猿さん本人よ！

森次　へ〜、50年ぶりに再会できたのか。当時もいろんな種類の猿の剥製が珍しかった印象はあるよ。

ひし美　ゴーロン星人に催眠術で操られる真山博士役は増田順司さん。

森次　増田さんは事務所が僕と同じNACだった。4話と25話に出た幸田宗丸さんもNACだった。

ひし美　増田さんは気さくな方だった。帰りが一緒で、「明治村に行こう」って誘ってくださったんだけど、大先輩だから緊張してしまってお断りしてしまったの。今になってみると、申し訳ないことをしたなって思う。

森次　明治村もモンキーセンターと同じ犬山市にあるから、誘ってくれたんだな。

ひし美　ゴーロン星人はインパクトのある宇宙人よね。

森次　ああ、ダンはゴーロン星人に相当に苦しめられたな。そのぶんセブンになってから足元に連続で光線を撃って慌てさせて、しっかりお返ししてるよ（笑）。

星の好きなフクシンくんが、天体観測中に円盤群を発見する。ウルトラ警備隊に通報するが、見間違いであると相手にされない。しかし本当にフクシンくんの錯覚だったのか…。

円《えん》盤《ばん》が来《き》た

45

冷泉さんが頑張った作品だよ。（森次）

アフレコがにぎやかで楽しかったな（笑）。（ひし美）

放送第45話 制作No.44　1968年8月11日放送
脚本：川崎高、上原正三　監督：実相寺昭雄　特殊技術：高野宏一
視聴率：20.0％

円盤だ！　宇宙人だ！

森次　美しい星に憧れる内気な青年が、ペロリンガ星人に本当に星の世界に連れて行かれそうになる。

ひし美　ロマンチックなフクシンくん役は冷泉公裕さん。最近わかったんだけど、助監督さんの台本に岡本信人さんの名前がメモされていたの。岡本さんも候補だったのね。

森次　ああ、雰囲気が似てるね。

ひし美　私は冷泉さんでよかったと思う。

森次　そりゃ冷泉さんが一番だよ。「円盤だ！　宇宙人だ」って騒いで、誰も信用しなくなる。あのしょげた顔がいい（笑）。

ひし美　ガラクタ工場のオヤジの渡辺文雄さんも、蕎麦屋のミッキー安川さんも、落語に出てきそうな人たちじゃない？

森次　笑いが多い回だよね。ウルトラ警備隊も三枚目だ。さんざん振り回される。

ひし美　でも危ないわよね。隊長までが、通報を見間違いだって油断するんだもの。

森次　地球を救ったのはアンヌかもよ。フクシンくんが撮った写真を現像して、

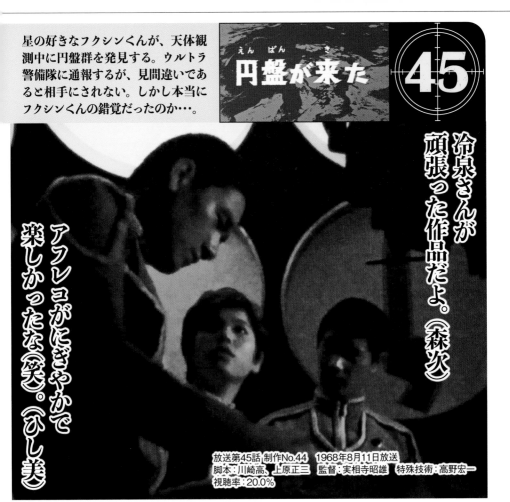

円盤襲来の通報で作戦室が夜中に大わらわのシーンは、アンヌがネグリジェ姿で起きてくるカットも撮影されたが幻に。

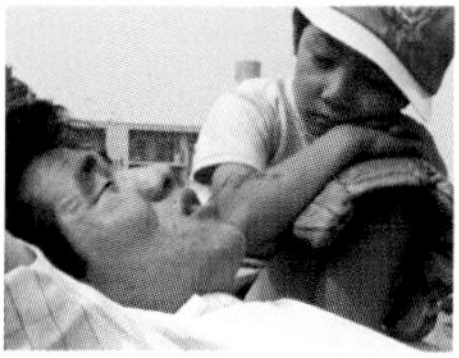

冷泉公裕のフクシンくんと、高野浩幸の少年が主役で、ウルトラ警備隊は脇役扱いの異色作。

左から渡辺文雄、ミッキー安川。「珍しい人が出ていた記憶があるな」(森次)。のちに平成ゴジラシリーズなどで知られる上田耕一も広報係で出演。

「フクシンくんのアパートは、『セブン』のスタジオだった美セン(東京美術センター)の一角を利用したんだ」(森次)

ソガとダンが息の合ったかけ合い。「何か普段よりも星の数が多いみたいだ」「やけにロマンチックだな」。冬木透の音楽もロマンチック。

クライマックスは円盤や星の多重合成を何カットも撮り、スケジュールが延びたという。

ALIEN

サイケ宇宙人
ペロリンガ星人

身長 1.8m
体重 80kg

不透視バリヤーで円盤を星に見せかけ、地球侵略を進めた。

「星が一瞬の露光で写るわけがないとしたら、これは何だと思う?」って、実は円盤って見抜いちゃうんだから。

ひし美 自分では何を言ってるかわかってなかったな、たぶん(笑)。

森次 ペロリンガ星人は高野浩幸くん。彼とは『新どぶ川学級』って日活映画で一緒で、そのときも上手かった。

ひし美 冷泉さんと高野くんは、2014年に私のイベントに揃ってゲストで来てくれたの。その5年後に冷泉さんが亡くなるなんて……まだ71歳よ。

森次 残念だよ。『セブン』の後も時代劇とかご一緒したんだ。

ひし美 「円盤が来た」は凄く人気があるんでしょ。

森次 うん、映像はロマンチックで話は皮肉っぽくて、いかにも実相寺作品だよね。でも傑作になったのは冷泉さんが頑張ったからだな。

ひし美 よく覚えてるのがアフレコね。渡辺さんや、ミッキーさんが、冷泉さんとワーワーかけ合いをやって、現場は大受けだったな(笑)。

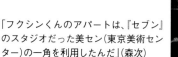

怪しい女性を監視しているダンは、逃走するその女性を追いかけて伊良湖岬灯台に赴く。そこで見たものは、サロメ星人のロボット、ニセ・ウルトラセブンだった。

46

放送第46話制作No.46　1968年8月18日放送
脚本：上原正三、市川森一　監督：鈴木俊継　特殊技術：大木淳
視聴率：19.1％

夏の開放感ある愛知ロケ編

ひし美　37話の「盗まれたウルトラ・アイ」風に言うと、この話は「忘れてきたウルトラアイ」なのよね（笑）。

森次　トンマだよねえ（苦笑）。車に制服を置いてきて、そのポケットにウルトラアイを入れたままなんてさ。でもカプセル怪獣は持ってきているのに、なんで一番大事なウルトラアイを忘れるんだろう（笑）。

ひし美　ダンはアロハシャツを着てる。開放感のせいでウルトラアイを忘れちゃったのかしら（笑）。

森次　あのアロハは自前じゃないかな。

ひし美　私も水着と麦わら帽子は自前だったな。私たち二人はアロハと水着だったけど、フルハシ隊員はなぜか工事現場の作業員の格好だった。

森次　マムシさんはああいう格好が似合う。ぴったりだもんな。

ひし美　このときは夏の時期の撮影だったよね。

森次　撮影しながら夏を満喫していたよ

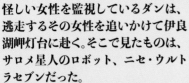

ALIEN&MONSTER

侵略星人　サロメ星人

身長 1.9m
体重 120kg

ウルトラセブンそっくりの巨大ロボットを作り、地球侵略を企む。

ロボット超人
ニセ・ウルトラセブン

身長 40m
体重 3万5千t

セブンと同じ性能を持つ巨大ロボット。

黒塗りの車でサロメ星人を追跡するダンとアンヌ。「この頃はもう免許を取っていたみたいだね」(森次)

アロハシャツと水着という、リゾート気分全開の二人。

サロメ星人役の嘉手納清美、高橋正夫。

車内にウルトラアイごと忘れられた隊員服……。

背景にはロケ地となった松風園の看板が。

ウルトラ警備隊全員が私服で登場し、中でもフルハシは作業員の姿で奮闘した。「マムシさんはああいう格好が似合う。ぴったりだもんな」(森次)

セブン聖地　ダンがとらえられた灯台

灯台に人物が絡むシーンは愛知でなく、神奈川県三浦半島の観音崎灯台が使われた。

うな感じだったと思う。

ひし美　サロメ星人役の嘉手納清美さんは素敵な水着姿を披露してる。スタイル抜群ね。アンヌは子供っぽい水着とスタイルで恥ずかしいな(笑)。

森次　二人とも魅力的だよ。嘉手納さんって『ザ・ガードマン』にも出ていたでしょ。大映作品が多かった。たしか、新宿で商売をされていたよね。

ひし美　沖縄生まれのご両親が、新宿で沖縄料理屋をやってらしたの。嘉手納さんは芸能界を引退なさってからは、そちらのお店の女将だったの。

森次　へえ、そうなのか。

ひし美　このロケでは、松風園ってホテルに泊まった。ホテルとタイアップしていて、プールやトンネルも撮影で使っているわ。

森次　撮影した時点で、すでにレトロな感じがしてるね。

ひし美　今もあるホテルで、私は2008年にロケ地を訪ねた際に泊まったけど、趣きが当時と変わってなくてうれしかったな。

K地区のふくろう団地に住む佐藤は、深夜遅く帰宅すると妻や近所の人たちから知らない人だと言われてしまう。警備隊が現場に向かうと、佐藤はすでに失踪していた。

あなたはだあれ? 47

放送第47話 制作No.47　1968年8月25日放送
脚本：上原正三　監督：安藤達己　特殊技術：的場徹
視聴率：23.4%

団地が入れ替わるというアイディアが面白い。（森次）

ラストシーンの撮影日の朝、起きたら目が腫れてた（笑）。（ひし美）

ニュータウンの怪事件

森次　ああ、これは面白い回だよ。団地が入れ替わるというアイディアが面白い。
ひし美　チーフ助監督だった安藤達己さんの監督デビュー作よね。実は、安藤さんのことが苦手だったの。ロケバスの中で若いスタッフたちと盛り上がってたら、助監督時代の安藤さんから「若い女性なんだから節度を守れ」って怒られたことがあったのよ。
森次　しっかりした助監督だったな。のちにウチの店のジョリーシャポーに遊びに来てくれた。ニコニコした人だった。
ひし美　うん。江戸っ子で、ちょっとべらんめえ調で……。40年ぐらいぶりに再会したら「よう、アンヌ」って気さくにあいさつしてくれて、それ以来、仲良くしてたの。なのに、2013年に亡くなられて……。その少し前にも電話をくれてたし、ショックだった。
森次　安藤さんはいい演出をしている。当時は新しかった大型団地を舞台にした脚本が新しいし、小林昭二さんがゲスト

セブン聖地　ふくろう団地

1968年に入居開始された直後の、たまプラーザ団地で撮影された。「第四惑星の悪夢」で人間の居住区に使われたのもここ。

ダンとフルハシが、フック星人の潜む団地に潜入する。立ち回りのシーンでは二人のアクションがたっぷり拝める。

地下で人間とフック星人が入れ替わるシーンは、合成も無く回転扉を使った。「シンプルだねえ」（森次）

ラストシーン、目が腫れていたというひし美はこころなしか隊長の影に隠れようとしている？

佐藤敏江役の三條美紀。「三條さんは、映画の時代のスターでしたよ」（森次）

しがないサラリーマンを演じたのは、『ウルトラマン』のムラマツ隊長役・小林昭二。

ALIEN

集団宇宙人
フック星人

身長　1.8〜40m
体重　65kg 〜1万t

ニセの団地と地上の団地を入れ替えて、兵器の搬入をしていた。

出演した。小林さんは新劇の出身でオールマイティな役者だったね。

ひし美　安藤さんは、元は一般映画の助監督だったから、「ドラマ重視で作りたくて、『あなたはだぁれ？』も上手い役者さんをそろえた」って話してた。

森次　三條美紀さんもゲスト出演している。三條さんは品のある映画女優さんだね。テレビでもやれるって、すごいことだと思う。現場の大きさも違うし、キャメラも制作の手法も違うじゃない。

ひし美　適応力をお持ちだったってことよね。私のこの回の思い出は、ラストシーンの撮影日の朝、起きたら目が腫れてたこと。前の晩に飲みすぎたのかな（苦笑）。小林さんにお会いして、下向き加減でご挨拶したことを覚えてる。アップのカットがなくてよかったわ（笑）。

森次　事件が解決して、団地に佐藤さんを届けるシーンではポインターにウルトラ警備隊六人と小林昭二さんが乗ってるんだよ。ゾロゾロと七人も出てくる。「宇宙囚人３０３」で「五人乗って狭いだろうな」と思ったどころじゃなかったよ（笑）。

激しい戦いの連続で体調を崩したダンは、過労からゴース星人の地球への侵入を許してしまう。やがてゴース星人の地底ミサイルによって、世界中が攻撃されてしまう。

史《し》上《じょう》最《さい》大《だい》の侵《しん》略《りゃく》
前編

48
49

名前が出てない人も含めて、誰かひとり抜けてもダメだったと思う。（ひし美）
しっかりと締めくくろうという思いはあったな。（森次）
放送第48、49話 制作No.48、49　1968年9月1日、8日放送
脚本：金城哲夫　監督：満田稔　特殊技術：高野宏一
視聴率：前編22.3%　後編28.5%

みんな『セブン』一本に賭けていた

森次　最終回の前後編だけど、われわれとしてはいつもと変わらない気持ちだった。「最終回だから頑張るぞ！」というような思いはなかったな。

ひし美　意識せず、いつも通りだったよね。ファンの皆さんは最初から最後まで連続で見てるから「ついに最終回！」と感じるだろうけど、演じてる私たちはワンカットワンカット、ぶつ切りで撮ってるから、そんなに最終回ということを意識しなかった。最終回の台本を記念にとっておくことも思いつかなかったな。

森次　僕は色々と新しい仕事も来ていたから、次のステップに進むために、『セブン』をしっかりと締めくくろうという思いはあったな。

ひし美　ダンはフルタイムで『セブン』に取り組んでいたわよね。警備隊のメンバーで他の仕事も多かったのはマムシさんぐらいで、キリヤマ隊長も『特別機動捜査隊』をセーブして『セブン』をやっていた。私もアンヌ一本だった。みんなにとって『セ

セブン上司

セブンの体が疲弊していることを伝え、変身を止めようとする。

幽霊怪人 ゴース星人

身長 2m
体重 70kg

熊ヶ岳の噴火口に基地を建設し、地底ミサイルで全人類の皆殺しを企んだ。

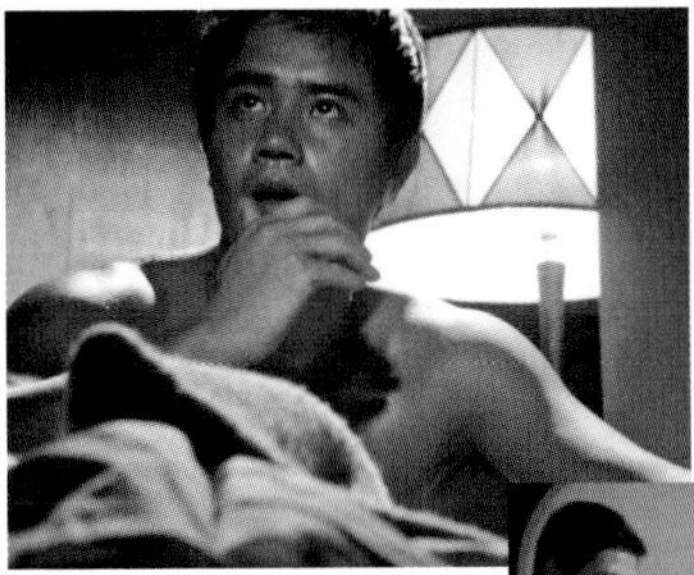

48話冒頭、上半身裸でうなされるダン。「自分で裸になったんじゃなくて、演出だと思う。汗もギラギラした感じが出るし、病んでいる感じを演じやすかったですよ」（森次）

パンドンを撃破するも再起不能の傷を負ったダン。「ダンは今、必死に死神と戦っているんだわ」。どうにか一命をとりとめるダンだが、基地から姿を消してしまう。

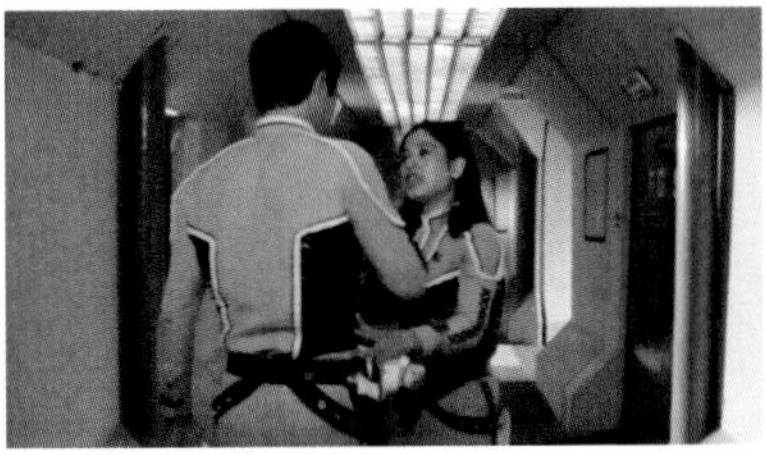

「前編の長回しのセリフのところは、満田監督に呼ばれて練習した」とひし美が述懐するのは、「体の調子が悪いんじゃないの？　診てもらったほうが」と廊下でダンを諭すシーン。こうした丁寧な描写によって、二人のドラマが徐々に熱を帯びていく。

パンドンとの初戦で苦戦するセブンを、単身ホーク3号を繰って援護するアンヌ。アンヌが単独でホークを操縦する、非常に珍しいシーン。

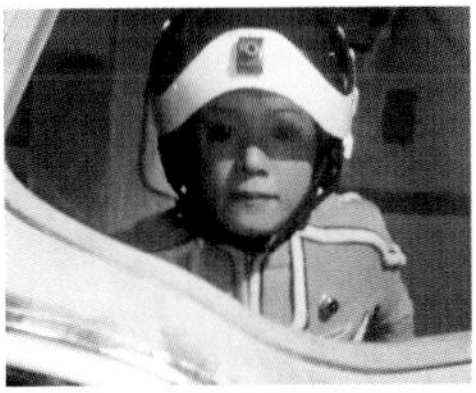

ブン』だけの一年だったということもあって仲がよくなったんだと思う。

森次　うん、みんな『セブン』一本に賭けていた。『セブン』に全力を注いで、毎日が撮影所と家の往復だった。だから、やっている間は評判を聞く機会もなくて、そんなに人気があるとも思ってなかったな。

ひし美　私も評価なんて、撮ってる間は思ってもなかったもん。撮影中は「お疲れ様」って言葉が一番好きだったな。それを聞いたら「さあ、飲みに行こう！」って気分になってた（笑）。

森次　この48～49話を撮った後も、最終回だからって特別なことはしなかったんじゃないかな。満田監督も淡々としていたと思う。

ひし美　今みたいにクランクアップで「〇〇さんの撮影が終わりました」って拍手してっていうのもない時代だった。打ち上げもなかった。

森次　もちろん、自分の中で「一年間ひとつの役をやったんだな。頑張ったな。今の自分ができることはできたかな」という思いはあったけどね。

セブン聖地
地球防衛軍基地の体育館
前編でダンが自分の身体能力の異変に愕然とする体育館は、世田谷区立総合運動場体育館。「第四惑星の悪夢」の銃殺のシーンや「消された時間」のホーク1号ドックにも使用された『セブン』常連ロケ地。ピラミッド型の外観は「ダーク・ゾーン」などに登場。

基地から無断で姿を消したダンを見つけ、「どうして逃げたりなんかしたの？」と尋ねるアンヌ。「満田監督が『優しく子供に言い聞かせるように』って言うから、その通りにやったの」(ひし美)

MONSTER

双頭怪獣 パンドン
身長 40m
体重 1万5千t
強力な火球と怪力が武器で、ウルトラセブンを苦しめた。

改造パンドン
切断された左手と右足をサイボーグ化して再生した。

アンヌたちが見送る中、明けの明星が輝く空へダンは笑顔で去った。「色々なものを背負って地球にいたわけだから、その集大成の顔なんだよね。あそこで笑顔があった方が、100倍も200倍も作品が活きるんだよ」(森次)

涙ながらにダンを引き留めようとするアンヌを熱演したひし美。

ひし美　『セブン』ではずっと音楽の冬木透先生に助けられてきたけど、この回も音楽がすばらしい。音楽の力がいいムードを作ってくれている。

森次　最後のセブンとパンドンの戦いのところの音楽もいいよね。そのおかげもあって、最後の笑顔で走っているイメージまで、いい流れが続く。この話ではダンが笑ってる場面がないから、思いっきり笑ってる顔が効くんだよね。

ひし美　アンヌの悲しい顔の後にダンが笑っている。満田さんの演出がいいのよ。スタッフの皆さんにも助けられた。当時はテレビも映画もクレジットで名前が出る人数が限られていたけど、名前が出てない人も含めて、感謝しています。誰かひとり抜けてもダメだったと思う。みんなのおかげで、私の芝居が少々下手でも大丈夫だった(笑)。

森次　いや、アンヌの芝居もよかったよ。それがないとこっちの芝居も成り立たなかった。特にこの回は、満っちゃんがアンヌに色々と指導してたよね。

ひし美　前編の長回しのセリフのところ

珠玉の別離シーンはこうして生まれた

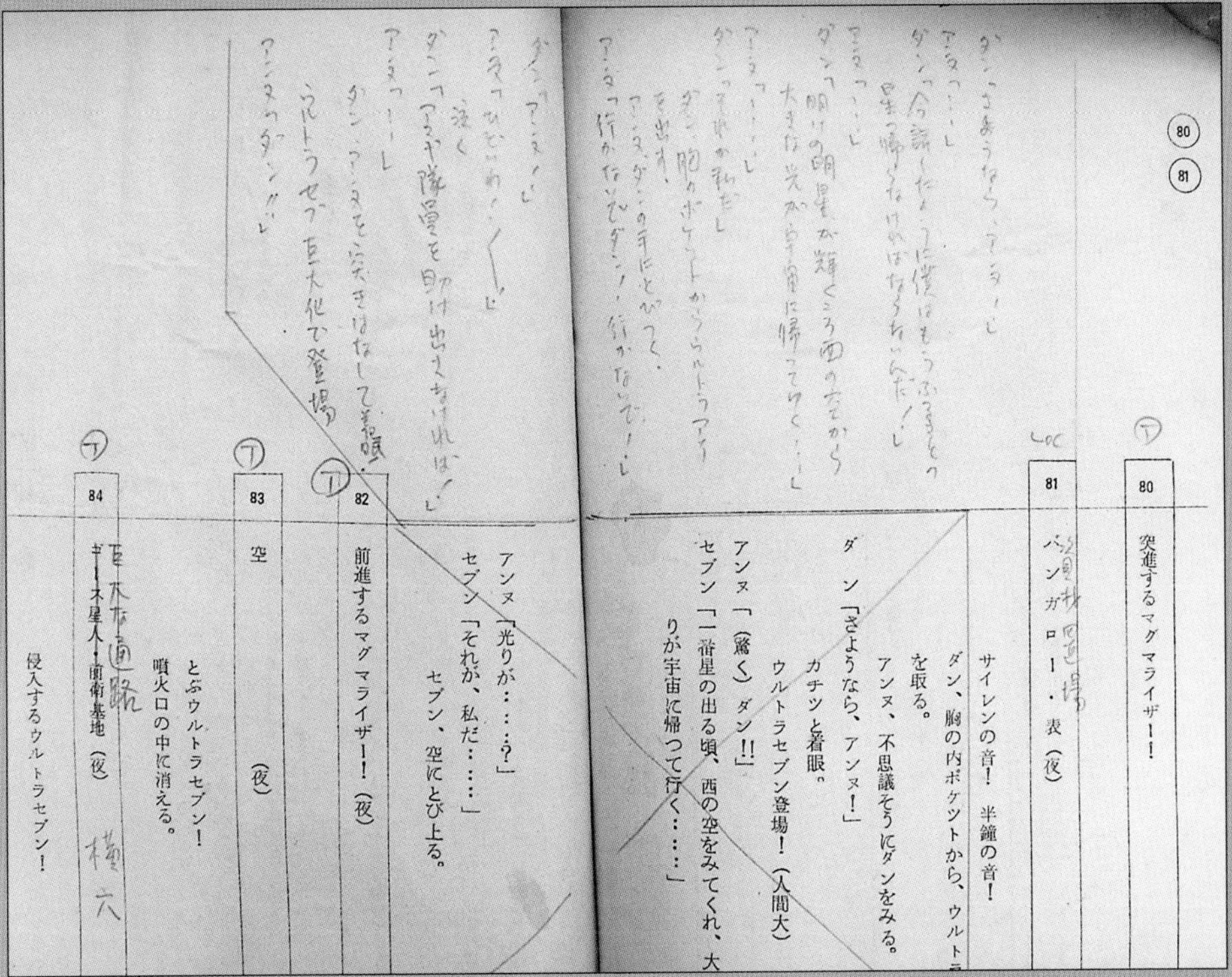

80 突進するマグマライザー！

81 バンガロー・表（夜）

サイレンの音！　半鐘の音！

ダン、胸の内ポケットから、ウルトラ
を取る。

アンヌ、不思議そうにダンをみる。

ダン「さようなら、アンヌ！」

ガチッと着眼。

ウルトラセブン登場！（人間大）

アンヌ「（驚く）ダン!!」

セブン「一番星の出る頃、西の空をみてくれ、大
りが宇宙に帰って行く……」

アンヌ「光りが……？」

セブン「それが、私だ……」

セブン、空にとび上る。

82 前進するマグマライザー！（夜）

83 空（夜）

とぶウルトラセブン！

噴火口の中に消える。

84 ゴース星人・前衛基地（夜）

侵入するウルトラセブン！

助監督の使用台本より、ダンとアンヌの別れのシーン。金城哲夫の脚本を満田稔監督がアレンジし、なおさら情感豊かでドラマチックに仕上げられている。さらに完成作品ではセリフ回しなどに変更がある。

は、満田監督に呼ばれて練習した。「優しく子供に言い聞かせるように」って言われて、どのシーンもその通りにやっただけ。だから、「ひし美ゆり子は演技がうまい」なんて言われると、ビックリしちゃう(笑)。

森次　アンヌの演技があるから、僕も正体を告白するあのセリフが言えたんだよ。

ひし美　ラストシーンでアンヌが涙ぐんでるって言われることもあるんだけど、あれは目薬だし(笑)、アンヌが素晴らしく見えるのは、音楽や小道具や演出、ストーリーの力だと思う。

森次　たしかに金城哲夫さんがうまく書いてくれた。無駄もなくて、普通のドラマでも通用するものだと思う。「感動した」って声が多いのも理解できるよ。やっぱり、人間ドラマになっている。そこが見た人を感動させるんだと思う。

ひし美　私たち、『ウルトラセブン』に出られて幸せね。

森次　そうだよ。一生に一度、出会えるかどうかの傑作だよ。

☆特別座談会　森次晃嗣　ひし美ゆり子　古谷敏　高山篤

鬼軍曹を迎えて

ウルトラ警備隊も恐れる鬼軍曹・高山篤。ロケ地交渉はじめ渉外全般と、現場費の管理、ロケ弁の手配など、進行を円滑にする制作担当だった。しかし有能ゆえに恐れられ陰では意外なニックネームも。ダン、アンヌ、アマギと鬼軍曹が、50年を経て座談会で顔を揃え、『ウルトラセブン』に邁進した日々を振り返る。

※高山篤さんは2020年7月11日逝去されました。心からご冥福をお祈りいたします。

「嫌われるほうが腕がいい」

――本日はどうもありがとうございます。「ウルトラ警備隊と鬼軍曹」の同窓会ということで、当時の思い出を振り返っていただきたいと思います。

ひし美　高山さん、〝鬼軍曹〟ってあだ名だったの？

森次　どういう由来なの？

高山　当時、高野宏一と一回取っ組み合ったことがあったんですよ。日本一の特撮監督とスタッフルームで。

ひし美　ええっ、取っ組み合い？

高山　特撮のスタッフから、「監督が怖くて怖くてね」としょっちゅう聞かされてたの。特撮のほうの制作主任の熊谷（健）さんも「いや、参っちゃうんだよ。また監督がなあ」ってしょっちゅう私のところに言いにくるわけよ。無理を言われて怒ってるスタッフもいて、上層部も困っちゃっていたわけ。これはいつか現場が崩壊しちゃうなと思っていたんですよ。それで見るに見かねることがあって、イスを投げちゃった。

ひし美　あっはっは。

森次　大丈夫だったの？

高山　円谷プロの経理の専務だったかな、トイレで一緒になったら、「高山さん、やってくれたんだってな、ありがとう」ってほめられたけど、別にケンカで勝ったっていっても（苦笑）。「なんかあると、やられる」ってスタッフも寄り付かなくなって、それが元で〝鬼軍曹〟って呼ばれるようになった（笑）。

――古谷さんはこのエピソードはご存じでしたか？

古谷　知ってた。言わないだけでね（笑）。でも、高山さんは怖いというより、素敵な方ですよ。

高山　素敵かどうかはわからないですけど（笑）。

ひし美　名制作マンですよ。高山さんがいたから現場が締まったんですよ。

高山　私はもともと東映にいたんですけど、そこを飛び出して半年ぐらいフリーでやってた時期があったんです。そのころ、どこから聞いたのか知らないけれども、円谷プロでやらないかっていう話が来て。私は円谷英二さんを尊敬していたから、特撮を勉強したいと思ったんですよ。ただ、「特撮のほうは無理かもしれないけど、本編のほうをやってみる？」ということになって、それから協力させてもらうことになったんです。

――『ウルトラマン』から参加なさったんですね。

高山　私がびっくりしたのは、スタッフの半分は素人さんなんですよ。ロケーションに行くっていうと、それなりの準備があるのに、それができていなかった。朝、機材なんかを乗っけるトラックが来るけど、トラックだけ来て人間が来ないんだから（苦笑）。それで1時間か1時間半ぐらい経ってポツンポツンと人が来て。私が出る幕じゃないけれども、見るに見かねて怒ったこともありました。

古谷　当時の円谷プロはみんな若くて寄せ集めで、撮影のこともそんなに知らない人ばっかりで。結局、そういうふうに言ってくれる人が円谷にいなかったんですよね。

高山　篤（たかやま・あつし）
1937年長野県生まれ。東映に入社してテレビドラマ『青年弁護士』（63年）などの制作を担当した後、フリーの制作となり、円谷プロで『ウルトラセブン』（67年）『帰ってきたウルトラマン』（71年）など多くの現場を支えた。映画は松田優作主演『ブラック・レイン』（89年）など多数。2020年7月11日逝去。

高山　東映は厳しかったから。

古谷　そういったしきたりを知って苦労もしてる高山さんが来て、空気が変わったわけです。

ひし美　『ウルトラマン』のときに現場がビシッとしたから、『ウルトラセブン』では遅刻したりっていうことはなかった。

森次　だから、『ウルトラマン』のときは大変だったんだろうね。

高山　他のスタッフがそういうことを言うと、同じ同僚だからケンカになっちゃって、仕事にならないじゃないですか。でも、私が恨まれるぶんには、そういう仕事だから。

古谷　調整するのが制作の仕事で。

ひし美　「制作は嫌われるほうが腕がいい」ってよく言いますよね。

森次　高山さんは忙しくて現場にはいなかったよね。

——当時の日誌を見ると、高山さんは毎日のようにロケ交渉に出かけています。

高山　警察署や消防署に行って申請を出して許可をもらってました。当時はお金がなかったから、経理なんか見てると可哀想で、明日ロケに行くのにどうすんだってこともあったんですよ。だから、お金がかからない撮影場所を見つけて協力をとってやるっていうこともありましたよ。

——ロケに協力的なところと、協力的じゃないところもあったんですか？

高山　時間がない、お金がないのないないづくしで、金がかからないところで撮らなきゃいけない。円谷プロの近くの世田谷あたりだと、円谷の顔で協力してくれる人もいましたね。知らないところに行ってゼロから始めると時間がかかっちゃう。

「始末書が何十枚もあるんだから」

ひし美　私は、高山さん〝鬼軍曹〟ってニックネームは知らなかったけど、〝苦虫〟って呼ばれてたのは覚えてる（笑）。

高山　え？

森次　苦虫だって（笑）。

高山　ああ、そうかもしれないなあ。「あいつはあれをまだやってねえな」とか「また遅れてきたな」とか、つい顔に出ちゃうんだよね（苦笑）。

古谷　高山さんも若かったから。

ひし美　あの頃、おいくつだったんですか？

高山　30になったばかり。

森次　30歳でしっかりしてたね。

古谷　（当時の写真を見て）怖いね、目つきが（笑）。

森次　どこにいるの、高山さん？

ひし美　一番右にいるじゃない。

クランクアップの記念写真。矢印が高山篤さん。

高山　ああ、似てる。
ひし美　本人なのに似てるって（笑）。
高山　特撮の現場は火薬も使って危ないでしょ。だからハラハラしちゃうわけよ。人身事故でも起きたら円谷プロが吹っ飛んじゃうからさ。ついつい顔もこんなになっちゃうよね。
ひし美　苦虫（笑）。
高山　だから、お子さんに見学で現場に来ていただくのはうれしいけど、神経使っちゃいましたね。ヤマオカ長官役だった藤田進さんがお孫さんを連れてスタジオに来たときは、もうハラハラで（笑）。お陰様でそういう事故はありませんでしたよ。
古谷　高山さんがやってるときは、俳優にしてもスタッフにしても、そんなにすごい事件は起きてないよね。
森次　ないない。
古谷　作品によっては警察沙汰になることもあるんだから。
高山　でも、私も始末書をずいぶん書かされましたよ。新宿警察署には私が書いた始末書が何十枚もあるんだから（苦笑）。
ひし美　『ウルトラセブン』の撮影で書いたことはありますか？
高山　『ウルトラセブン』ではなかったね。
古谷　ほら。すごい優等生なんだよ。

「満田さんのお酒だ（笑）」

古谷　苦労といえば、高山さん、ロケ弁も困ったでしょ？　弁当を探し歩くのが大変だったんじゃない？
高山　まあ、それが仕事だもんね。
森次　赤ちょうちんの弁当がなつかしいよね。
高山　ご飯におかずが2、3種類しかないんだから。
ひし美　ちくわを半分に切って揚げたのと。
森次　あとは海苔のつくだ煮で、おかずがなんにもない（苦笑）。
ひし美　ご飯の真ん中に梅干しがあるぐらい。
森次　『ウルトラセブン』以外の弁当はもっとよかったのかな？
古谷　いやおんなじ。
高山　全部こんなもん。文句を言っても、「東宝の黒澤（明）組だって、これだよ」って言われた（苦笑）。
森次　金額的な話なんだけど、弁当1個いくらだったの？
――高山さんが書かれた日誌を見ると、1個１１０円で32人分と書かれています。
森次　１１０円か。ラーメンが70円のころだよね。
高山　弁当で１１０円は安いですよ。

古谷　敏（ふるや・さとし）
１９４３年東京生まれ。東宝に第15期ニューフェイスとして入社。62年に映画『吼えろ脱獄囚』でデビュー。多くの映画に出演する一方、テレビ『ウルトラQ』（66年）に出演。長身を生かしてケムール人、ラゴンなどを演じ、『ウルトラマン』（66年）ではウルトラマン役を務めた。『ウルトラセブン』（67年）はアマギ隊員役でレギュラー出演。

――日誌には大黒寿司１００円とも書いてありますし、鮨源というところも使っていると書かれています。

森次　大黒寿司のほうが安いんだ。それは思い出にないな。覚えてるのは赤ちょうちんの弁当だな。「ああ、またこれか」って慣れちゃったね。

高山　鮨源は新東宝のそばのところかな。飽きないように、たまに違うところの弁当にしてたんですよ。予算が決まっていて弁当の金額はいじれないから、せめて店だけでも、たまに変えてたんです。

森次　撮影のときの食事だと、美セン（東京美術センター）の前にラーメン屋があって、そこでよくラーメンライスを食べてたな。それが60円か70円。たまに東宝のサロンにも行った。

ひし美　サロンのラーメンは安かった。50円だった。三船敏郎さんがね、そのラーメンに黄色いからしを入れて混ぜて、よく食べてた。

古谷　三船さんはカレーもラーメンに載せるようになった。東宝サロンのカレーラーメンって言ったら有名なんだけど、それは三船さんがやったものなの。

森次　時間が空くと監督連中がボトルをキープしてるバーにも行ってたね。

古谷　成城の？

森次　成城学園前駅のちょっと入ったところの2階にあって、誰かの酒がある。フルハシ隊員がそれで酔っ払ってた（笑）。

ひし美　満田さんのお酒だ（笑）。

「ダンの分出してよ」

――円谷プロから飲み会のお金が出ることはあるんですか？

古谷　それはないよ。

ひし美　ない！　でも、円谷一さんとかお金を持ってた人が出してくれたことはあった。

森次　俺なんか金がなかったから、「ダンは金ないんだから、ダンの分出してよ」って言われてたな。

ひし美　ダンが出した記憶ないもん（笑）。

――円谷一監督は仏のような方だったそうですね。

高山　一さんは怒ったことが一回もないんだよね。他の監督だと、鈴木俊継さんは元々は東宝の俳優の卵だったんだよ。人柄がよくて人気があったな。

ひし美　おとなしい方でしたね。

森次　紳士でしたよ。

古谷　僕が東宝に入った頃からよくしていただいて、面倒見のいい方でした。みんなから「孝《こう》ちゃん孝《こう》ちゃん」（俳優時代の名前が鈴木孝次）って慕われてた。

――高山さんは満田監督と一番仲がよかったそうですね。

高山　円谷プロ以外でも、歌舞伎座や松竹の仕事も満田さんとは一緒にやったね。

ひし美　安ちゃん(安藤達己)も亡くなったでしょ。

高山　野長瀬三摩地さんも亡くなったけど、やっぱり東宝の監督だなっていう感じだったね。

古谷　野長瀬さんは東宝のチーフ助監督をずーっとやってたね。黒澤監督から何から、いろんな組で。でも、結局、東宝は監督がいっぱいいるから、助監督が監督になれない。野長瀬さんは東宝で本編の監督をできなかったの。

森次　東宝では映画を撮ってないんだ。

古谷　円谷に来て監督になれた。梶田興治さんも東宝でチーフ助監督だったのが、『ウルトラQ』で初めて監督になって「スタート!」って言えるようになった。

森次　それはうれしかったろうな。

古谷　当時の東宝の助監督はすごい人たちだったんですよ。その人たちが『Q』『マン』『セブン』に来てくれた。そこにはTBSから来た飯島敏宏さんや実相寺昭雄さんもいて、「俺のほうがいいものを作る」「いや、俺のほうが」って切磋琢磨して、いい作品ができた。

――高山さんは日誌に「実相寺組9月18日、なかなか特殊な撮り方のため、カメラマン面食らっている様子。凝った撮り方なので予定時間をはるかにオーバー。監督と助監督の打ち合わせなど、もっと綿密にお願いいたします」と書かれていますね。

ひし美　実相寺組はね(笑)。

森次　実相寺組は現場でカメラがどこにあるのかもわからない。

高山　俺は〝じっさん〟って言ってたけど、ちょっと変わってましたね。

古谷　ちょっとどころじゃないんじゃない(笑)。

高山　普通の感覚じゃなくて、みんなはこっちを見てるけど、じっさんだけはあっちを見てる。考え方がちょっと違うんだよね。癖がある監督さんだったけど、私が制作として手を焼いたっていうことはなかったですよ。ただ、照明とか美術は、じっさんが「そこに障子を持ってきて立ててくれ」なんて言うと、「急に言われたって障子なんてないよ」って困ってた。あのときは、どこかの家に行って借りてきたんじゃないかな。

「俺は定期で通ってたよ」

古谷　高山さん、配車はどうでした?

ひし美　遅くなるとタクシーを出さないといけなくなるから、高山さんはいつも時計とにらめっこしてた。

古谷　(森次さんに)結構タクシーで送ってもらったんじゃない?

森次　いや、俺は送られたことはないよ。家が藤沢で遠いんだから、円谷プロがタクシーなんて出すわけないよ(笑)。

ひし美　だから、「ダンは先に上げたほうがいい」ってなってた。家が遠い人から先に撮影が終わるっていう感じだったのかもしれない。

森次　成城駅から出る小田急の最終に間に合うように、先に上げていたんだと思う。俺は当時、定期で通ってたよ（笑）。

高山　俳優さんはね、ギャラがいいから車ぐらい自分で持っているっていうのが会社の考え方で。

古谷　よくないよ、ギャラ（苦笑）。

高山　そういうふうに会社は判断するわけですよ。でも、私たちは車なんか買える身分じゃないし、バスだとかを使うしかない。バスもない時間になると、マイクロバスにスタッフを乗せて、都内を一周か一周半してみんなを降ろして回った。

ひし美　撮影で泊まり込みのときとか、美センに泊まったこともあるんですって？

森次　美センに泊まるとこってあったの？

高山　あるある。

森次　なんだ、俺もそこにいればよかった。

高山　仕事でいるわけで、寝てるわけじゃないから。

森次　いや、俺も仕事だから（笑）。明日の朝の7時出発とかなんだから、遅い時間なら帰らないほうが楽だったな。

「あそこは、なんだったんだ!?」

——日誌では美センが寒いのでみんなが困っているということを、高山さんが上層部に訴えています。

ひし美　夏は暑くて。途中でゾウの鼻みたいな管を入れてくれるようになって。

森次　ああ、ダクトな。上も横も普通の波板トタンだったから暑かったんだよ。

ひし美　真夏でも外に出たほうが涼しいんだもん（笑）。

森次　雨の日は、雨の音が中にも聞こえる。シンクロ（同時録音）じゃないからよかったけど、ザーザーッて音がする中でセリフを言うんだから。「よーい、スタート！」って言って、セリフをしゃべっても雨音のほうがすごいんだから（笑）。

ひし美　そんな中で「今日はいい天気だなあ」ってセリフを言って（笑）。

高山　スタジオなんてもんじゃない。小屋だったね（笑）。黒澤組が『七人の侍』とかで使ったものに、ちょっと手を加えたものだから。

森次　撮影所っていう感じじゃなかった。

高山　倉庫だな。

森次　撮っている『ウルトラセブン』は未来的でも、撮ってる場所はそうじゃなかった（笑）。俺なんか、俳優人生の最初のほうにそれを味わったから。

高山　ひでえなあと思ったでしょ？

森次　後のほうで、それが分かった。「あそこは、なんだったんだ⁉」って。

高山　俺もビックリしたよ（笑）。

――日誌には「フィルムの許容量をオーバーして稟議書を書いて手配する」とも書かれています。

高山　これは円谷プロばかりじゃなくて、東映や撮影所っていう撮影所が全部そうだったんですよ。フィルムが高くて無駄に使われると困るから、ギリギリの量を決められちゃうんです。監督もカットの長い人、短い人といろいろなセンスがあって、それによってフィルムの使い方も違うんだよね。

ひし美　スタッフの人たちがそれだけフィルムを大事にしてるのに、マムシ（毒蝮三太夫）さんがキリヤマ隊長を吹かせたりして、あれは考えたらよくなかったね（笑）。

森次　よくないね（笑）。

ひし美　キリヤマ隊長の顔が映るカットで、顔が映らないマムシさんがわざと変な顔をして隊長を笑わすわけよ。隊長はすぐ笑うから、何回かNGになったの。私たちじゃなくて、隊長がよく狙われてた。

「えっ、上海から！」

――みかんとシャンデリアの事件など、『ウルトラセブン』の現場ではいろんな事件があったそうですね。

ひし美　あっはっは。（高山さんに）覚えてます？　あのとき、青いみかんが果物屋さんで売ってたから、いっぱい買って差し入れで持っていって。ロケ現場でみんなに「はいはい」って配ってたら、上のほうから照明さんが「こっちも」って言うから、パッて投げたらそれが当たってシャンデリアを壊したの（笑）。

高山　あ、そう？　どこで起きたの？

ひし美　覚えてない？

――日誌には「田園調布の下村家」と書いてありますね。

ひし美　高級なお宅で。

同席していた高山夫人　そういうことがあったって、当時聞きましたね。

高山　思い出した。上海から引き上げてくるときに買ったシャンデリアだったんだ。

ひし美　えっ、上海から！

高山　そうそうそう。

ひし美　じゃあ、ふたつとないわけね。

森次　そりゃ大変だ（笑）。

高山　だから高い安いの銭金の問題じゃない。上海に行かないと同じものが手に入らないんだよ。

森次　シャンデリアは落っこちたの？

ひし美　いっぱい付いてるものの一部が割れたの。ただ、全部が割れたわけじゃなくても、同じものがないんだから、あれは申し訳なかった。

高山　武田薬品の大阪の工場のビルを借りて、中で撮影したことがあるんです。そのときは、飾ってあったすごい鉢をスタッフが落として壊しちゃった。当時の金で何百万っていうものなのに、それが壊れちゃった。

ひし美　「ウルトラ警備隊西へ」のときだ。

高山　向こうの担当者に詫びを入れたら、「故意にやったわけじゃないんだから、しょうがないだろう」ということで話が収まった。

――いろいろな事件が起きているんですね。

「あの車には乗らない」

――日誌には「稲城長沼ロケ、ポインターパンクで現場に来るのが遅れる」とも書いてあります。

森次　そういうのはしょちゅうあったよね。だから、ロケに行くときには決して、あの車には乗らない。

高山　中古のアメ車だから。もう廃車にしようかなっていう車を劇用車にしたんですよ。

古谷　乗るとガソリン臭いんだもんな（笑）。

ひし美　そう。

森次　もう、臭い。

高山　故障してバックしかできなくなったこともあったんですよ。それで、バックでもってロケ現場から帰ってきたんだから。

全員　（笑）。

ひし美　運転してた小山さんは「フィルムを逆回しにすれば走ってるように見える」って言ってた（笑）。

高山　当時はそんな状態でも車道を走れたんですよ。

古谷　交通量も少なかったからね。

ひし美　今じゃ逆走と間違えられちゃう。

高山　あれもドライバーの特技だよな。

――「館山のロケで砂の中にタイヤが埋まったので、土地の子供たちに手伝ってもらって無事引き上げた」とも、日誌に書いてあります。

高山　しょっちゅうですよ、そんなのは。車っていうよりも、道路事情も悪いから。地方に行くと、今みたいにアスファルトの道路じゃなくて、どうしても砂利道になっちゃうんですよ。

古谷　その日誌に書いてあるのは、平砂浦の砂丘のことでしょ。

ひし美　千葉のね。

古谷　そこの砂丘にタイヤが埋まっちゃって、にっちもさっちも行かなくなっちゃった。

ひし美　古谷ちゃんと松坂慶子さんが出た回のロケね。

古谷　そうそうお花畑の。

森次　ああ、お花畑だ。

高山　松坂慶子さんが出てるんだ。

古谷　まだ15歳ぐらいのころで。

「いいことは一つもなかった（笑）」

――ロケでいろいろなところに行かれたと思います。

ひし美　「ウルトラ警備隊西へ」での神戸ロケのとき、科学者のドロシー・アンダーソン役のリンダ・ハーディスティさんが旅館の大きな部屋に泊まってて、私は記録の関根ヨシ子さんと、美粧の田口世里子ちゃんと小さい部屋に泊まってたんですよ。満田監督から「明日の撮影の日本語を教えてやれ」って言われてリンダさんに教えたら、彼女から「こんなに大きな部屋だから、ここで寝ちゃいなさいよ」って言われて。布団を出して寝てたら、朝になって仲居さんが来て「この部屋は二人で泊まったら値段が倍になるんだけど！」ってすっごい怒られて（笑）。

森次　日本旅館でしょ。

古谷　あそこは武田薬品がよく使ってた旅館。それであそこに泊まることになった。門限があったね。

森次　夜9時とか10時とかで。

古谷　門限がある旅館はねえだろうって文句言ってた（笑）。

森次　『ウルトラセブン』に関しては、旅の素晴らしい思い出はないよ（笑）。だって、優雅になってる余裕がないもん。

ひし美　優雅な気持ちだったのは、鹿児島だけよね。

森次　正月のイベントで鹿児島に行って。

ひし美　毎晩美味しいところで、飲んで食べて。

森次　撮影は休みだから、みんなで行こうってことになって、金城（哲夫）さんなんかと行って。遊園地か何かのイベントでサイン会なんかをやって。

ひし美　それが終わって夜になったら、繰り出して（笑）。

――そのイベントは高山さんは行かれたんですか？

ひし美　いらしてないわよね。

古谷　ＴＢＳの営業の人が来てた。

森次　前にも言ったけど、高山さんは忙しかったから。2話持ちで次から次へで、きっちりスケジュールが決まってるわけでしょ。

ひし美　ひとりで切り回してる。宴会は高山さんとは一度も行ってないと思う。

高山　そういういいことは一つもなかった（笑）。

全員　（笑）。

高山　それはしょうがない。そういう役目だから。

――お話を聞いていて、『ウルトラセブン』の出演者とスタッフの皆さんのチームワークの良さが感じられました。

森次　チームワークの良さは、今日来てる4人の姿を見れば一番わかるじゃない。

古谷　俺、嫌だったら来ないもん（笑）。

森次　来ないよな（笑）。みんなに会いたいから来るんだよ。

（２０１８年11月19日　学士会館にて）

おわりに

森次　一緒に『セブン』を振り返ったけど、アンヌはやっぱり記憶力がいいよ。まったく敵わないね。
ひし美　違う、違う。ダンは出番が多すぎたのよ。
森次　アンヌは出番がなくても現場によく来てた。「アンヌ今日は休みじゃないか?」「遊びに来たらしいよ」ってことが何回あったか。だからいろんな出来事を覚えてるんじゃない?
ひし美　私、一度に一個のことしかできないの。仕事も遊びもって、器用にできないから、『セブン』しかやることがなかった。
森次　楽しい現場だから、ずっといたかったってことだな。
ひし美　楽しかった。大好きだった。レギュラーをやった中で、『セブン』が一番だった。キャストとスタッフが一つになってた。
森次　そうだ、一体感があった。みんなが「アンヌ、アンヌ」って言ってて、でもアンヌはサバサバしていて、みんなにモテてた。
ひし美　あっはっは!　ウソばっかり!
森次　ウソじゃないよ(笑)。でも、僕とアンヌはまったくナチュラルな関係で、気取ることもなんにもなくて。
ひし美　ずっと付き合ってるけど、特別な間柄って感覚はない。〝普通〟だよね。
森次　そう、〝普通〟(笑)。
ひし美　今回の本で心残りなのは、〝49話コンプリート〟できなかったことね。
森次　事情はあるだろうけど、何かの形で、見てもらえたらと思うよ。
ひし美　うん、思う。

森次　ダンとアンヌを別の人たちが演じていたら、どうなったんだろう？

ひし美　また違うものになったでしょうね。

森次　新しいものがあったかもしれない。でも、やっぱり、アンヌは、ひし美ゆり子じゃなきゃ。

ひし美　ダンこそ森次晃嗣じゃなきゃ。運命で出会ったのよ、私たちは。

森次　運命？　普通じゃないのかい（笑）。まあ、最初に撮ったポインターの前の写真だって、絵になって馴染んでる。だから、やっぱり運命の出会いってことで、対談を締めくくろうか（笑）。

ひし美　じゃあ、これからも、私たちは普通に。

森次　普通に。

ひし美　つかず離れず、仲良く。

森次　二人とも、まだしばらくは人間界にいるだろうしね。『セブン』ファンのために頑張らないと。

ひし美　そうね。この本で『セブン』の新しい魅力が伝えられてたらいいんだけど。

森次　きっと伝わったよ。それに僕たちも知らない『セブン』の魅力をファンの人たちは知っている。逆に僕らに教えて欲しいいし、一緒に大切にしていけたら嬉しいね。

森次晃嗣
ひし美ゆり子

ダンとアンヌとウルトラセブン

～森次晃嗣・ひし美ゆり子　2人が語る見どころガイド～

2021年2月15日　初版第1刷発行
2022年7月11日　　第3刷発行

著　者　森次晃嗣・ひし美ゆり子
監　修　円谷プロダクション
発行者　野村敦司
発行所　株式会社 小学館
〒101-8001
東京都千代田区一ツ橋2-3-1
電話　〈編集〉03-3230-5396
〈販売〉03-5281-3555
印刷所　凸版印刷株式会社
製本所　牧製本印刷所株式会社

Printed in Japan
ISBN978-4-09-388797-7

編集構成／友井健人 馬場裕也　武富元太郎
デザイン／大澤洋二（クラップス）　撮影／相田 章
制作／望月公栄　資材／斉藤陽子
販売／斎藤穂乃香　宣伝／阿部慶輔　編集／松井 聡
参考文献／『新資料解読　ウルトラセブン撮影日誌』